달라이 라마의
종교를 넘어

BEYOND RELIGION
by His Holiness The Dalai Lama

Copyright ⓒ His Holiness the Dalai Lama 2011
All rights reserved.
Korean translation copyright ⓒ Gimm-Young Publishers, Inc. 2013
This Korean edition was published by arrangement with THE DALAI LAMA
TRUST c/o Aitken Alexander Associates Limited, London through KCC(Korea
Copyright Center Inc.), Seoul.

달라이 라마의
종교를 넘어

Dalai Lama
달라이 라마

이현 옮김

김영사

달라이 라마의 종교를 넘어

지은이_ 달라이 라마
옮긴이_ 이현

1판 1쇄 발행_ 2013. 2. 12
1판 4쇄 발행_ 2013. 3. 12

발행처_ 김영사
발행인_ 박은주

등록번호_ 제406-2003-036호
등록일자_ 1979. 5. 17.

경기도 파주시 문발동 출판단지 515-1 우편번호 413-756
마케팅부 031) 955-3100, 편집부 031) 955-3250, 팩시밀리 031) 955-3111

이 책의 한국어판 저작권은 (주)한국저작권센터(KCC)를 통해
저작권자와 독점 계약한 김영사에 있습니다. 저작권법에 의해
한국 내에서 보호를 받는 저작물이므로 무단 전재 및 복제를 금합니다.

값은 뒤표지에 있습니다.
ISBN 978-89-349-6210-6 03300

독자 의견 전화_ 031) 955-3200
홈페이지_ www.gimmyoung.com
이메일_ bestbook@gimmyoung.com

좋은 독자가 좋은 책을 만듭니다.
김영사는 독자 여러분의 의견에 항상 귀 기울이고 있습니다.

감사의 글

—

이 책을 쓰는 동안 운이 좋았습니다. 이전에 출간한 《새로운 밀레니엄을 위한 도덕 Ethics for the New Millennium》에서 함께 작업한 편집자들의 도움을 받았기 때문입니다. 내 개인 집무실 관계자들의 노고와, 오랜 시간 나의 통역을 맡아온 툽텐 진파 랑리의 귀중한 도움과, 알렉산더 노먼과 그의 동료 조지 피츠허버트의 세심한 편집에 감사합니다.

여기에 쓴 내용이 좀 더 자비롭고 평화로운 세상을 만드는 데 기여할 수 있었으면 하는 것이 나의 진심 어린 소망입니다. 아무리 사소한 방식일지라도 상관없습니다. 물론 우리는 하룻밤 새 이 세상을 바꾸지는 않을 것입니다. 그리고 이 책처럼 짧은 글로 세상을 바꾸지도 않을 것입니다. 변화는 늘어나는 자각을 통해 서서히 다가올 것이고, 자각은 교육을 통해서 올 것입니다. 만약 이 책을 읽는 사람이 여기 쓰인 내용 중 어느 한 부분이라도 도움이 된다고 생각한다면 우리의 노력은 보상받은 것입니다. 그런 도움을 받지 못한 독자라면 이 책을 다른 데로 치워놓는 것을 불편해하지 말기 바랍니다.

다람살라에서
달라이 라마

서문

종교를 넘어선 새로운 생각

―

나는 이제 노인입니다. 나는 1935년 티베트 북동부의 작은 마을에서 태어났습니다. 내가 통제할 수 없던 이유들로 인해, 성인이 된 이후에는 대부분의 생을 인도의 무정부 망명지에서 보냈습니다. 50년이 넘는 세월 동안 그곳은 나의 제2의 고향이 되었습니다. 나는 종종 "인도에 가장 오래 머문 손님은 나"라는 농담을 합니다.

내 나이 또래의 다른 사람들처럼 나 역시 우리가 살고 있는 세상을 변화시킨 극적인 사건들을 많이 목격했습니다. 1960년대 후반부터는 많은 곳을 여행 다녔고 영광스럽게도 셀 수 없이 다양한 배경의 사람들을 많이 만날 수 있었습니다. 대통령과 총리, 왕과 여왕, 이 세상의 온갖 위대한 종교 지도자들뿐 아니라 사회 각계각층의 평범한 사람들까지 많이 만나보았습니다.

지난 수십 년을 되돌아보니 기뻐할 이유가 많음을 깨닫게 됩니다. 의학 발전을 통해 치명적인 병들을 뿌리 뽑을 수 있었고, 수백만의 사람들이 가난에서 구제되어 현대교육과 의료혜택을 받게 되었습니다. 1948년 유엔 총회에서 세계인권선언이 채택된 이후로 인권의 중요성은 엄청나게 커졌습니다. 그로 인해 자유와 민주주의의 이상이 전 세계로 퍼졌고, 전 인류가 하나라는 인식이 점점 늘어나고 있습니다. 건강에 이로운 환경의 중요성에 대한 인식도 커지고 있습니다. 지난 반세기는 여러모로 진보와 긍정적 변화의 시기였습니다.

그러나 동시에, 많은 분야에서 일어난 엄청난 발전에도 불구하고 커다란 고통은 여전히 존재하며, 계속해서 인류는 막대한 어려움과 문제에 직면하고 있습니다. 지구상의 풍요로운 지역의 사람들은 고도의 소비생활을 향유하고 있지만, 기본 욕구가 충족되지 못한 수많은 사람도 여전히 존재합니다. 냉전의 종식과 함께 핵무기의 전 지구적 파괴 위협은 줄어들었지만 아직도 많은 이들이 무장 갈등의 비극과 고통을 참아내고 있습니다. 또한 많은 사람들은 환경문제와 더불어 자신의 삶에 대한 위협도 해결해야만 합니다. 이것은 더욱 심해지고 있습니다. 동시에 또 다른 많은 사람들은 불평등과 부정부패, 불공정에 직면한 채 삶을 살아가기 위해 분투하고 있습니다.

이러한 문제는 개발도상국에만 한정되진 않습니다. 부유한 나라에도 알코올중독, 마약중독, 가정폭력, 가족해체와 같이 만연한 사회문제를 비롯해 많은 어려움이 존재합니다. 사람들은 자식들과 자식들의 교육, 이 세상이 아이들을 위해 준비해놓은 것에 대해 걱정합니다. 지금이라도 우리는 인간의 행동이 되돌릴 수 없는 지점을 넘어서 이 행성에 해를 미칠 수 있음을 깨달아야만 합니다.

이 위협은 더 큰 두려움을 만듭니다. 현대 생활의 온갖 압력은 스트레스와 불안, 우울을 함께 가져오고, 고독감은 점점 커지고 있습니다. 따라서 어디를 방문하든 사람들은 내게 불평합니다. 심지어 나조차도 때때로 불만을 터뜨리고 있는 것을 깨닫게 됩니다!

우리 인간이 문제를 풀어가는 방식에 무언가가 심각하게 결여되어 있다는 점은 분명합니다. 그렇다면 우리에게 부족한 것이 무엇일까요? 내 생각에 근본적인 문제점은 이것입니다. 우리가 모든 차원에서 삶의 외적 측면과 물질적 측면에는 너무 많은 주의를 기울이는 반면, 도덕 윤리나 내적 가치는 무시한다는 점입니다.

내적 가치는 우리 모두가 타인에게서 고마움을 느끼는 특성을 말합니다. 우리 모두는 그것을 향한 자연스러운 본능을 가지고 있고, 그것은 관심과 애정, 따뜻한 마음이 있는 환경에서만 생존하고 번성하는 동물로서 우리가 가진 생물학적 본성에 의해 물려받은 것입니다. 그것을 한 단어로 표현하면 자비입니다. 자비의 본질은 타인의 고통을 줄이고 그들의 행복을 도모하려는 갈망입니다. 이 영적 원리에서부터 다른 모든 긍정적인 내적 가치가 생겨납니다.

우리 모두는 타인의 친절함, 인내, 관용, 용서, 너그러움의 내적 특성을 고맙게 여깁니다. 마찬가지로 탐욕, 악의, 증오, 편견을 싫어합니다. 그러므로 자비로워지려는 핵심 성향에서부터 생겨나는 마음의 긍정적인 내적 특성을 적극적으로 키우는 행동을 모든 이들이 고마워합니다.

파괴적인 성향과 싸우는 법을 배우는 것도 마찬가지입니다.

우리의 내적 가치를 강화하는 그런 행동의 첫 번째 수혜자는 의심할 여지 없이 우리 자신일 것입니다. 우리는 위험을 무시한 채 내면 생활을 하고 있고, 오늘날 우리가 직면하는 가장 큰 문제의 대부분은 그런 무시의 결과입니다.

얼마 전 나는 인도 동부의 오리사 주를 방문했습니다. 최근 부족민 사이의 빈부격차로 이 지역에서 갈등과 내란이 증가했습니다. 나는 그 지역 국회의원을 만나 문제에 대해 이야기한 결과 다음과 같은 사실을 알게 되었습니다. 부족민의 권리를 보호하고 심지어 물질적 원조를 목표로 하는, 충분한 기금을 가진 정부 프로젝트와 법적장치가 이미 많이 존재한다는 사실입니다. 그는 말했습니다. 부정부패 때문에 그 프로그램이 원래 도우려던 사람들에게 혜택을 주지 못하는 것이 문제라고. 그러한 프로젝트도 그 실행 책임자로 인해 부정직과 비효율, 무책임으로 뒤바뀐다면 아무 소용이 없습니다.

이 예는, 체계가 아무리 건전하더라도 그 효과는 그것을 이용하는 방식에 달려 있다는 점을 매우 분명히 보여줍니다. 궁극적으로는 어떤 체계나 법률, 절차든 그 실행을 책임지는 개인만큼만 효과적일 수 있습니다. 개인의 진실성 부족으로 훌륭한 체계가 잘못 이용된다면 그것은 혜택보다는 해로움의 근원으로 쉽게 변할 수 있습니다. 이것은 인간 행동의 모든 영역에 적용되는 일반적인 진리입니다. 심지어 종교에서도 마찬가지입니다. 사람들이 의미 있고 행복한 삶을 영위하는 데 분명 종교가 도움을 줄 순 있지만 종교 또한 잘못 이용될 때는 갈등과 분열의 근원이 될 수 있습니다.

마찬가지로 상업과 금융 분야에서도 체계 자체는 건전할 수 있지만 그것을 이용하는 사람들이 부도덕하거나 자기 잇속만 차리는 탐욕에 이끌린다면 그 체계의 혜택이 약화될 것입니다. 불행히도 우리는 많은 종류의 인간 행위에서 이런 일이 일어나는 것을 보고 있습니다. 국제 스포츠 경기에서조차 부정부패가 정정당당함이라는 관념을 위협합니다.

물론 분별력 있는 많은 사람들은 이러한 문제를 알고 있고, 자신이 전문성을 지닌 분야에서부터 그 문제를 바로잡기 위해 성실히 노력하고 있습니다. 정치인, 공무원, 변호사, 교육자, 환경운동가, 사회운동가 등 모든 분야의 사람들이 이미 이러한 노력에 참여하고 있습니다. 지금까지는 매우 잘해왔지만, 사실 단순히 새로운 법률과 규칙을 제정하는 것만으로는 결코 문제를 해결할 수 없을 것입니다.

궁극적으로 우리 문제의 근원은 개인 차원에 놓여 있습니다. 사람들에게 도덕 가치와 진실성이 부족하다면 어떠한 법률이나 규칙 체계도 적당하지 않을 것입니다. 사람들이 물질 가치를 우선시하는 한 불공정, 부정부패, 불평등, 편협성, 탐욕 등 내적 가치를 무시하여 겉으로 나타나는 이것들은 계속 유지될 것입니다.

그렇다면 우리는 어떻게 해야 할까요? 도움을 얻기 위해 어디로 방향을 돌려야 할까요? 과학은 외부 세계에 가져다준 그 모든 혜택에도 불구하고 개인적 진실성의 토대 계발을 위한 과학적 밑바탕을 아직 제공하지 못하고 있습니다. 개인적 진실성은 우리가 타인에게 고마워하며 우리 스스로도 발달시키기 위해 노력하는 인간의 기본적인 내적 가치입니다. 그렇다면 수천 년 동안 사람들이 해온 것처럼 종교에서부터 내적 가치를 찾아야만 하는 것일까요?

분명히 종교는 과거 수없이 많은 사람들에게 도움을 주었고, 오늘날에도 그러하며, 앞으로도 계속 그러할 것입니다. 그러나 도덕적 지침과 삶의 의미를 제공한다는 그 모든 혜택을 제외하고는 오늘날의 세속적인 세상에서 종교 하나만으로는 도덕의 토대로서 더 이상 적합하지 않습니다. 한 가지 이유는 이 세상 많은 사람들이 더 이상은 특정 종교를 따르지 않기 때문입니다.

또 다른 이유는 이것입니다. 다양한 사회 문화가 존재하는 세계화 시대에는 세상 사람들이 그 어느 때보다도 서로 밀접하게 연결되어 있기 때문에, 하나의 종교를 기반으로 한 도덕은 일부에게만 다가갈 수 있고 모든 사람에게 의미가 있지는 않을 것입니다.

우리 티베트인이 벽처럼 둘러싸인 산을 뒤로한 채 여러 세기 동안 매우 행복하게 살아온 것처럼, 사람들이 상대적으로 고립되어 살았던 과거에는 그 집단이 자신의 종교를 기반으로 도덕에 접근하려고 할 때 아무런 어려움이 없었습니다. 그러나 오늘날에는 내적 가치의 무시라는 문제에 대해 종교를 기반으로 해답을 찾는다는 것은 결코 보편적일 수 없으며, 따라서 적절하지도 않습니다.

오늘날 우리에게 필요한 것은, 종교에 의지하지 않으며 신앙을 가진 사람이든 그렇지 않은 사람이든 똑같이 받아들일 수 있는 도덕에 대한 접근법입니다. 현세적 도덕이 그것입니다.

이러한 발언이 아주 어린 시절부터 승복을 입고 살아온 사람에게서 나왔다는 것이 이상해 보일 수도 있습니다. 그러나 나는 여기서 아무런 모순도 느끼지 않습니다. 나의 종교인 불교는 지각을 가진 모든 존재의 이익과 행복을 위해 힘쓰라고 가르칩니다. 그리고 내 종교를 초월해서, 다른 종교를 믿거나 종교가 아예 없는 사람에게 손을 내미는 것 또한 이와 다르지 않다고 여깁니다.

보편적 도덕에 대해 새로운 현세적 접근법을 시도하는 것은 가능한 일이기도 하고 그만한 가치도 있다고 자신합니다. 나의 자신감은 나의 신념에서 비롯됩니다. 모든 인간이 기본적으로는 선한 쪽으로 마음이 끌린다는 신념입니다.

무엇을 하든 그것이 어떤 혜택을 가져다줄 것이라 생각하기 때문에 우리는 그런 행동을 합니다. 동시에 우리 모두는 타인의 친절함에 고마워합니다. 우리 모두는 본래 사랑과 자비라는 기본적인 인간 가치를 지향하게 되어 있습니다. 우리 모두는 다른 사람의 미움보다는 사랑을 더 좋아합니다. 다른 사람의 쩨쩨함보다는 너그러움을 더 좋아합니다. 우리 중 어느 누가 인내와 존경, 실수의 용서보다 편견과 무례함, 원한을 더 좋아하겠습니까?

이러한 관점에서 나는 다음과 같이 굳게 믿습니다. 우리는 어떤 종교와도 모순되지 않는, 내적 가치에 바탕을 둔 수단과 방법을 손에 닿을 듯한 거리에 가지고 있다고. 그리고 좀 더 중요한 점으로, 종교에 의존하지 않는 수단과 방법을 가지고 있다고 말입니다. 이러한 새로운 도덕에 대한 비전을 키우고 연습하는 것이 이 책에서 내가 설명하려는 것입니다. 그것이 지나친 물질주의 시대에 도덕적 자각과 내적 가치의 필요성을 더 잘 이해하도록 도움을 주었으면 하는 것이 나의 바람입니다.

우선, 나의 의도가 도덕 가치를 지시하려는 것이 아님을 분명히 해두어야겠습니다. 그렇게 하는 것은 아무 이익도 없을 것입니다. 이를테면 명령의 형태로 외부에서부터 도덕 원리를 강요한다면 결코 효과적일 수 없습니다. 그 대신 우리 각자가 내적 가치의 중요성을 스스로 이해하게 되기를 요청합니다. 그러한 내적 가치는 도덕적으로 조화로운 세상의 근원이기 때문입니다. 또한 우리 모두가 추구하는 개인의 마음의 평화와 자신감, 행복의 근원이기도 하기 때문입니다.

물론 세상의 모든 주요 종교들은 사랑, 자비, 인내, 관용, 용서를 강조하면서 내적 가치를 장려할 수 있으며 그렇게 하고 있습니다. 그러나 오늘날 세상의 현실은 종교에 바탕을 둔 도덕이 더 이상 적합하지 않습니다. 종교를 넘어선 영성과 도덕에 대해 생각하는 방법을 찾아야 할 때가 도래했다고 믿는 이유는 이 때문입니다.

차례

서문 | 종교를 넘어선 새로운 생각　　　　　　　　　　　6

I. 현세적 도덕의 새로운 비전

1. 도덕과 종교를 분리할 수 없는가　　　　　　　23
2. 우리 모두는 하나　　　　　　　　　　　　　　46
3. 행복을 찾아서　　　　　　　　　　　　　　　57
4. 자비, 행복을 만들다　　　　　　　　　　　　68
5. 자비로운 정의　　　　　　　　　　　　　　　88
6. 분별력이 필요한 이유　　　　　　　　　　　107
7. 우리가 함께하는 세상의 도덕　　　　　　　117

II. 머리에서 가슴으로

스스로 시작하기 변화는 나로부터	139
8. 어떻게 도덕을 실천할 것인가	141
9. 감정의 사슬에서 벗어나기	153
10. 우리에게 필요한 가치는 무엇인가	181
11. 삶을 변화시키는 마음 수행	202
발문 | 평화의 세기, 대화의 세기를 바라며	236
옮긴이의 말 | 나의 종교는 사랑	243

현세적 도덕의 새로운 비전

I

"무관심은 그 자체로 이기심의 한 가지 형태입니다. 우리가 도덕에 접근하는 방식이 진정으로 의미 있으려면 당연히 세상에 대해 관심을 기울여야만 합니다. 이것이 전 지구적 책임감의 원리이며, 현세적 도덕에 접근하는 내 가르침의 핵심 부분입니다."

※ 본문 중 괄호 속 용어 설명은 옮긴이의 주석입니다.

1
도덕과 종교를 분리할 수 없는가

종교를 뛰어넘는 가치

나는 종교인이지만 종교 하나로는 우리의 모든 문제에 해답을 줄 수 없다고 생각합니다.

얼마 전 나는 인도 비하르 주(인도 북부의 동쪽 끝에 위치한 주)에서 열린, 새로 만든 절의 개원을 기념하는 공식행사에 참석했습니다. 비하르 주는 북인도에서 유난히 인구밀도가 높고 가난한 지역입니다. 내 오랜 친구인 비하르 주 주지사는 멋진 연설을 하면서 자신의 확신을 드러냈습니다. 붓다의 가호에 힘입어 이제 비하르 주는 번창하게 될 것이라고. 내가 연설할 차례가 되자 나는 반농담조로 이렇게 말했습니다. 만일 비하르 주의 번창이 오직 붓다의 가호에만 달려 있는 것이라면 비하르 주는 실로 오래전에 번창했어야만 한다고! 아무튼 비하르 주는 불교도들에게 가장 신성한 장소 중의 장소입니다. 역사적으로 붓다가 완전한 깨달음을 얻었다는 부다가야가 있기 때문입니다. 진정한 변화를 위해서는 우리에게 붓다의 가호와 기도, 그 이상이 필요합니다. 붓다의 가호가 강력하기는 하겠지만요. 우리에게는 행동 또한 필요하며, 그것은 주지사나 주지사 같은 사람들의 가능성 있는 노력을 통해서만 일어날 것입니다!

이것은 가호와 기도가 아무런 소용이 없다는 것을 뜻하지는 않습니다. 사실 나는 기도에 엄청난 심리학적 효과가 있다고 생각합니다. 그러나 기도로 인한 유형적 결과를 종종 눈으로 보기는 어렵다는 사실을 받아들여야만 합니다. 기도는 확실하고 직접적인 결과를 얻는다는 점에서는 현대과학이 이루어놓은 것에 미치지 못하는 게 분명합니다. 몇 해 전 내가 몹시 아팠을 때, 사람들이 나를 위해 기도하고 있다는 사실은 내게 분명 위안이었습니다. 하지만 진실로 고백하건데, 그보다 더 큰 위안은 내가 치료 받고 있는 병원에 최신식 장비가 있다는 사실이었습니다!

과거 2백여 년 동안 물리적 세상의 아주 많은 측면에서 우리가 점점 더 많은 것을 지배하게 되었다는 사실에 비추어 보면, 오늘날 많은 사람들이 과연 종교라는 것이 우리에게 필요한지 의문을 품는다는 사실이 놀랍지 않습니다. 질병을 없애고, 우주여행을 하고, 컴퓨터를 쓰는 것처럼 과거에는 단지 꿈꾸기만 했던 것들이 과학을 통해 실현되었습니다. 그러므로 많은 사람들이 모든 희망을 과학에 걸면서, 물질과학이 가져올 수 있는 수단을 통해 행복에까지 이를 수 있다고 믿게 된 것은 놀랍지 않습니다.

그러나 몇 가지 측면에서 과학이 어떤 식으로 전통 종교를 약화시켰는지는 이해할 수 있지만, 어찌하여 과학의 진보가 내적 가치나 영적 가치의 개념에도 똑같은 영향을 미쳐야 하는지에 대해서는 그 이유를 찾기 어렵습니다. 정말로 내적 가치의 필요성은 과거 어느 때보다도 이 과학의 시대에 더욱 절실합니다.

과학의 시대에 내적 가치와 도덕적 삶에 대한 설득력 있는 사례를 만들려고 할 때, 완전히 과학적인 조건으로 그것을 만든다면 이상적일 것입니다. 순수하게 과학적인 연구만을 바탕으로 그렇게 하는 것은 아직 불가능하겠지만 시간이 좀 더 흐르면 내면의 도덕 가치의 혜택을 증명하는 더 많은 확실한 과학적 사례가 서서히 나타날 것이라고 확신합니다.

물론 나는 과학자가 아니고, 현대과학은 내가 어린 시절 정식으로 교육받은 부분도 아니었습니다. 그러나 망명지에 오게 된 후로는 그 내용을 대부분 따라잡으며 공부했습니다. 지금까지 30년이 넘는 세월 동안 나는 물리학, 우주이론, 생물학, 심리학을 비롯한 많은 과학 분야의 전문가와 연구원을 정기적으로 만나고 있습니다. 특히 최근 들어서는 신경과학자들과도 만나고 있습니다.

모든 종교에서 명상이라는 전통은 경험과 의식의 내면세계를 탐구하는 것에 큰 중점을 둡니다. 그러므로 그 대화들에서 내가 목표했던 것 가운데 하나는 생각, 감정, 주관적 경험과 같은 영역을 과학적으로 이해하기 위해 탐구하는 것이었습니다.

나는 과학 중에서도 특히 신경과학이 현재 이런 것들에 점점 더 많은 관심을 기울인다는 사실에 무척 고무되었습니다. 이것들은 아주 오랫동안 간과되어왔습니다. 그리고 최근 이 분야에서 과학적 방법론이 발달된 것도 몹시 기쁩니다. 이로 인해 제3자가 객관적으로 검증할 수 있는 전통적 과학 원리들이 이제는 주관적 경험의 영역으로까지 확장되고 있습니다. 그 예가 이제는 고인이 된 나의 친구 프란시스코 바렐라(칠레의 신경생리학자. 신경시스템을 모델로 한 이론을 생물학적으로 도입했으며, 달라이 라마와 함께 '마음생명협회'를 설립함)의 신경현상학 연구입니다.

명상 수행과 더불어 자비, 자애, 주의 집중, 고요한 마음 같은 특성을 의식적으로 기르는 것의 효과를 이해하기 위해 어떤 종류의 과학적 근거를 찾을 수 있을 것인가에 대해서도 나는 오랫동안 관심을 가져왔습니다. 그러한 수행이 가능할 뿐 아니라 도움도 된다는 사실을 과학이 보여줄 수 있다면 그것들이 정규 교육을 통해 장려되기까지 할 수 있을 것이라고 항상 생각했습니다.

다행스럽게도 이제는 가장 엄격한 과학적 관점에서조차 이타심과 타인에 대한 배려가 우리 자신에게 이익이 될 뿐 아니라 어떤 면에서는 우리의 타고난 생물학적 본성임을 보여주는, 진화

생물학과 신경과학, 그 밖의 다른 분야의 증거가 많이 존재합니다. 그러한 증거가 우리 개인의 경험에 대한 사색과 결합되고 단순한 상식과 합쳐질 때, 종교 원리나 신앙에 의존하지 않는 기본적인 인간 가치 발달의 혜택을 보여주는 강력한 사례가 될 수 있다고 생각합니다. 그리고 나는 그 점을 반갑게 생각합니다.

이것이 내가 '현세적 도덕'이라고 부르는 것의 토대입니다. 어떤 사람들에게는 내가 '현세적'이라는 단어를 사용하는 것이 불편함을 불러일으킨다는 점을 알고 있습니다. 특히 일부 기독교인과 이슬람교 형제자매들에게 그럴 것입니다. 어떤 사람들에게는 그 단어가 종교를 강하게 거부하거나 심지어 적대시하는 것을 의미합니다. 그 사람들 눈에는 내가 '현세적 도덕'이라는 단어를 사용함으로써 도덕체계로부터, 심지어는 공적인 삶의 모든 영역으로부터 종교를 제외하는 것에 찬성하는 것처럼 보일 것입니다. 그러나 그것은 내 마음속에 있는 생각이 아닙니다. 그보다는 '현세적'이라는 단어에 대한 나의 이해는 인도에서 그 단어를 흔히 사용하는 방식에서 나옵니다.

현대 인도는 현세적 헌법체계를 가지고 있고, 현세적 나라인 것을 자랑스러워합니다. 인도에서는 '현세적'이라는 말이 종교나 종교인을 향한 적대감과는 거리가 멉니다. 사실 그것은 모든 종교에 대한 깊은 존경과 관용을 의미합니다. 그것은 또한 종교가 없는 사람을 아우르는 포용적이고 차별 없는 태도를 뜻하기도 합니다.

'현세적'이라는 단어가 신앙이 없는 사람들뿐 아니라 모든 신앙에 대한 서로 간의 관용과 존경을 의미한다는 이러한 이해는 인도의 특수한 역사적 문화적 배경에서 나옵니다. 마찬가지로, 서양에서는 그 단어에 대한 이해가 유럽의 역사에서 나오지 않았을까 하고 추측합니다. 나는 역사학자가 아니므로 이 주제에 대한 전문가는 분명 아닙니다. 그러나 유럽에서는 과학이 급격히 발전하기 시작하면서 합리주의를 향한 더 많은 움직임이 있었던 것으로 보입니다. 이 합리주의에는 다른 무엇보다도 과거 시대의 미신처럼 여겨지는 것들에 대한 거부가 포함되었습니다. 그때부터 오늘날까지 많은 급진적 사상가에게는 합리주의의 채택이 종교 신앙의 거부로 이어졌습니다. 강력한 반종교적 요소와 함께 유럽 계몽주의 신사상을 그토록 많이 배출한 프랑스혁명이 그 좋은 예입니다. 물론 이런 거부의 움직임에는 중요한 사회적 관점도 존재했습니다. 종교라는 것은 보수적이고, 전통에 얽매여 있으며, 구식 체제와 그 체제의 모든 실패와 밀접한 관련이 있는 것으로 여겨졌습니다. 이러한 역사의 유산은 2백 년이 넘은 듯하며, 서양의 가장 영향력 있는 사상가들과 개혁가들 대다수는 종교를 인류 해방을 향한 길로 보지 않고 진보의 장애물로 여겼습니다. 20세기의 가장 강력하고 현세적인 이데올로기 중 하나인 마르크스 사상은 종교를 '인민의 아편'이라고까지 비난했습니다. 사회주의 체제는 세계 곳곳에서 강제로 종교를 억

압했기 때문에 비극적 결과를 낳았습니다.

서양에서 현세주의라는 개념이 종교에 적대적인 것으로 그토록 자주 오해받는 것은 이러한 역사의 결과물인 것 같습니다. 현세주의와 종교는 종종 서로 대립하며 공존할 수 없는 두 가지 입장으로 여겨지고, 두 진영을 따르는 사람들 사이에는 상당한 불신과 적대감이 존재합니다.

종교가 인류 발전의 장애물이라는 생각을 받아들일 수는 없지만 역사의 맥락에서 반종교적 정서를 이해할 수는 있습니다. 역사상 어느 특정 시기에는 종교단체와 각 교파의 추종자들이 타인을 착취하는 데 관여했다는 불편한 진실을 역사는 가르쳐줍니다. 종교는 갈등과 억압의 구실로도 이용되어왔습니다. 비폭력의 교리를 지닌 불교조차 이러한 비난에서 완전히 자유로울 수는 없습니다.

그러므로 서양이나 그 밖의 지역에서 정의에 대한 염려가 동기가 되어 종교에 대한 부정적 태도가 나타날 때는 그것을 존중해야만 합니다. 사실 자기가 주장하는 도덕 원리에 반하는 종교인들의 위선을 지적하거나 종교적 인물과 집단이 자행한 부당함에 맞설 때, 그렇게 맞서는 사람들이 사실은 그 전통 자체를 더욱 강화하고 있으며 거기에 이익을 주고 있다고 반박할 수도 있습니다. 그러나 그런 비난을 평가할 때는 종교 자체에 대한 비난과 종교집단을 향한 비난을 구분하는 것이 중요합니다. 이 두 가지는 완전히 별개입니다. 내 생각에 사회정의라는 관념은 종교 자체가 지지하는 원리와 결코 상반되지 않습니다. 왜냐하면 모든 위대한 종교 전통의 핵심에 다가가 보면 인간의 가장 긍정적인 특징을 발달시키고 친절, 자비, 용서, 인내, 개인적 진실성 등과 같은 가치를 기르는 것이 종교의 목적이기 때문입니다.

'현세적'이라는 단어는 내게 어떠한 두려움도 주지 않습니다. 그 대신 나는 빔라오 람지 암베드카르(인도의 사회개혁운동가. 불가촉천민의 기본권 보장운동을 전개함)나 라젠드라 프라사드(인도의 초대 대통령)처럼 현실 세계에 바탕을 둔 헌법체계를 세운 사람들을 마음속에서 생각합니다. 라젠드라 프라사드는 영광스럽게도 내가 개인적으로 알고 지냈던 사람입니다. 그들이 현세주의를 장려한 의도는 종교를 없애려는 것이 아니었으며, 오히려 인도 사회의 종교적 다양성을 공식적으로 인정하려는 것이었습니다. 그 체계가 가능하도록 영감을 준 마하트마 간디는 매우 종교적인 사람이었습니다. 그는 인도 전역의 주요 종교에서 나온 경전과 찬송을 매일의 기도 모임에 포함시켰습니다. 오늘날까지도 인도의 공식 행사에서는 이 같은 놀라운 전례를 따르고 있습니다.

간디가 몸소 보여준 종교적 개방성은 인도에서 완전히 새로운 것이 아닙니다. 그것은 고대로부터 뿌리내린 것이며 2천 년보다도 더 오래전으로 거슬러 올라갑니다. 예를 들면 기원전 3세기경 아소카 왕(인도 마우리아 왕조의 제3대 왕. 무력 정복 전쟁을 일삼

다가 전쟁의 참혹성을 깨닫고서 불교에 귀의하고 불교를 전파함) 통치 시절에 만들어진 기둥에 새겨진 글에서도 그것이 발견됩니다. 어느 글귀에는 다음과 같은 권고사항이 담겨 있습니다.

"타인의 종교에 경의를 표하라. 그렇게 하는 것이 너 자신의 종교와 타인의 종교를 모두 강화하기 때문이다."

나아가 산스크리트 문학에는 지적 관대함과 활발한 토론을 허용하는 고전 문화가 표현되어 있습니다. 인도에선 고대로부터 많은 철학적 견해들이 활발한 논의의 주제였습니다. 인도 전통에서는 현대의 물질주의나 무신론과 매우 비슷한 주장도 존경받고 높이 평가된 역사를 지니고 있습니다. 고전 철학서에는 차르바카 철학(유물론을 주장하고 세속적 쾌락을 중요시한 인도 철학)에 대한 많은 이야기가 담겨 있습니다. 이것을 따른 사람들은 신이라는 개념과 영혼이나 사후세계의 존재를 부인했습니다. 어떤 사상가들은 종종 차르바카 철학의 관점을 허무주의로 보면서 이에 심하게 반대했지만, 그럼에도 불구하고 차르바카 철학의 급진적 물질주의는 철학적 관점으로 진지하게 여겨졌고, 그것을 창시한 사람은 보통 '리시', 즉 현자賢者라고 불렸습니다. 차르바카 사상을 반대하는 사람들도 어느 정도는 인정을 받았고 인도의 몇몇 통치자에게 존경을 받았습니다. 많은 인도의 통치자들은 자기 자신의 종교가 아닌 다른 종교 신앙에 놀라울 정도로 관대했습니다. 인도 무굴제국(16세기부터 19세기까지 인도를 통치한 이슬람 왕조)의 3대 황제 아크바르는 힌두교도, 기독교도,

그 밖의 종교를 믿는 사람들과도 대화를 나누었는데, 이것은 그러한 전통의 한 예입니다.

얼마 전, 나는 인도의 전직 부총리 랄 크리슈나 아드바니와 이 주제에 대해 분명한 대화를 나누었습니다. 그는 관대함과 다양성 그리고 토론이라는 인도의 오랜 문화가 바로 현세적 민주주의를 유지하는 데 지대한 공을 세웠다고 설명했습니다. 그의 말이 맞다고 나는 확신합니다. 오늘날 대부분의 인도 사람은 힌두교를 믿지만 다른 많은 종교들 역시 잘 대변되고 있습니다. 서양의 많은 이들이 알지 못하는 사실인데, 인도는 세계에서 이슬람 인구가 두 번째로 많은 이슬람교도의 본거지입니다. 그리고 인도에는 수백만 명의 시크교(15세기 인도에서 힌두교 신앙과 이슬람 신비 사상이 결합되어 탄생한 종교) 신자와 기독교인이 있고, 상당히 많은 자이나교(마하비라를 받들며 불살생을 철저하게 지키는 고행과 금욕주의의 인도 종교), 불교, 조로아스터교(예언자 조로아스터의 가르침을 믿는 고대 페르시아 종교), 유대교 공동체도 있습니다. 사실 인도에는 민족적 종교적 소수자가 너무 많아서 일일이 다 언급할 수도 없습니다. 게다가 오늘날 인도에서는 수백 가지의 다른 언어가 사용되고 있습니다. 엄청나게 다양한 사람들 속에서 힌두교 사원과 이슬람교 사원의 첨탑이 도심 거리에 서로 맞붙어 있는 것은 비교적 흔히 볼 수 있는 광경입니다. 대부분의 마을에서는 마을 인구가 믿는 대표적 종교가 한 가지 이상입니다.

최근 나는 루마니아 남자를 한 명 만났는데, 그는 연구 프로젝트 때문에 인도의 수많은 마을에 가본 적이 있는 사람이었습니다. 힌두교도가 세 가정밖에 없고 대부분이 이슬람교도였던 라자스탄(인도 북서쪽에 위치한 주)의 어느 마을에 대해 이야기하면서, 그는 힌두교 가정의 가족들이 두려움이나 불안감 없이 그곳에 살고 있다는 사실에 놀라움을 표했습니다. 내 생각에 그의 놀라움은 서양의 언론매체에서 인도의 공동체 간의 관계를 잘못 그렸기 때문에 생긴 결과인 것 같습니다. 매우 유감스러운 심각한 집단폭력 사건이 인도에서 몇 번 있기는 했습니다. 하지만 이것을 전체 인도 대륙으로 일반화하는 것은 잘못입니다. 그러한 사건이 간혹 일어나기는 하지만, 인도는 그 엄청난 다양성에도 불구하고 대체로 평화롭고 조화로운 사회를 유지하고 있습니다. '아힘사', 즉 비폭력이라는 고대 인도의 원리는 분명 번성했었고, 모든 신앙이 평화롭게 공존하는 원리로서 이것을 채택했었습니다. 이것은 대단한 업적이며 다른 나라 사람이 배워도 좋은 점입니다.

세상 속 도덕을 찾아

때때로 나는 나 자신을 고대 인도 사상을 오늘에 전달하는 사람으로 표현합니다. 내가 어디를 여행하든 사람들과 나누는 가장 중요한 사상 두 가지는 모두 고대 인도의 유산으로부터 나왔습니다. 비폭력과 서로 다른 종교 간의 화합의 원리가 그것입니다. 물론 나는 티베트인이지만 어떤 면에서는 나 자신을 인도의 자손으로 생각하기도 합니다. 어렸을 때부터 내 정신은 인도 사상의 고전들로부터 영양분을 공급받았습니다. 여섯 살의 나이에 승려로서 공부를 시작했을 때부터 내가 읽고 외운 문헌의 대부분은 인도의 불교 스승들이 쓴 것이었습니다. 그분들 중 상당수는 인도 중부에 있는 오래된 날란다 대학 출신입니다. 그리고 성인이 되고 얼마 지나지 않은 때부터 내 몸 역시 밥과 달(콩)이라는 인도 음식으로부터 영양분을 공급받았습니다.

그러므로 인도에서 이해하는 현세주의에 대한 이런 관점을 나누고 전파하게 되어 나는 매우 기쁩니다. 그것이 모든 인류에게 위대한 가치가 될 수 있다고 믿기 때문입니다. 오늘날 서로 연결되어 있고 세계화된 세상에서는 각기 다른 세계관과 종교, 인종의 사람들이 함께 살게 되는 경우가 흔합니다. 나는 순회강연을 다닐 때마다 특히 서양에서 이런 일들을 종종 목격합니다. 오늘날 수많은 사람에게는 자기 이웃이나 동료나 사장이 자신과는 다른 모국어를 사용하고, 다른 음식을 먹고, 다른 종교를 믿고 있을 개연성이 매우 높습니다.

그러므로 서로를 받아들이고 존중하는 정신으로 상호 협력하는 방법을 찾는 것이 무엇보다 시급합니다. 많은 이들에게는 색다른 문화를 폭넓게 경험할 수 있는 국제적 환경 속에서 사는 것이 즐거움의 원천이겠지만, 어떤 사람에게는 언어나 문화를 공유하지 못하는 사람들과 가까이 사는 것이 어려움을 불러올 수 있음은 의심의 여지가 없습니다. 이것은 혼란과 두려움, 원한을 만들어낼 수 있습니다. 최악의 경우에는 적대감의 문을 열어서 인종이나 국적, 종교에 따른 배척이라는 새로운 이데올로기를 이끌어낼 수도 있습니다. 불행히도 우리 주변 세상을 둘러보면 사회적 갈등이 사실은 매우 흔함을 알 수 있습니다. 더구나 경제적 이유로 인한 이동이 계속되면서 그러한 어려움은 늘어나기까지 할지 모릅니다.

이러한 세상에서는 도덕과 내적 가치, 개인적 진실성에 대한 진정으로 보편적이고 지속될 수 있는 접근법을 찾는 것이 필수적이라고 생각합니다. 이 접근법은 종교와 문화와 인종의 차이를 초월할 수 있고, 근본적인 인간 차원에서 사람들에게 호소할 수 있는 것입니다. 지속가능하고 보편적인 접근법을 찾으려는 이런 시도가 바로 내가 현세적 도덕 프로젝트라고 부르는 것입니다.

내가 이러한 접근법을 설명하기 시작할 때, 현세주의를 인도식 용어로 이야기하는 나의 설명에는 공감하지만 이런 식으로 종교에서 도덕을 떼어내는 일이 가능할지에 대해서는 여전히 의문을 품는 사람들이 있습니다. 그 사실을 인정해야만 합니다. 유신론을 따르는 일부 사람들 사이에서는 이 두 가지를 분리하려는 시도에 대한 불신이 너무도 강해서, 때로 나는 도덕에 대해 대중 강연을 할 때 '현세적'이라는 단어를 사용하지 말라는 경고를 받기도 했습니다. 종교에서 도덕을 분리하는 것은 그 자체로 커다란 실수이며 실제로 그것이 가족해체와 늘어가는 낙태, 성적 문란, 알코올중독, 약물중독 등 현대 사회의 많은 사회적 도덕적 문제의 근원이라고 진지하게 믿는 사람들이 분명 있습니다. 그들이 보기에 이 문제의 대부분은 내적 가치를 발달시킬 밑바탕을 잃어버린 사람들에게서 나온 것입니다. 자신의 종교 신념이 도덕 실천과 너무도 밀접히 연결되어 있는 사람들은 하나가 없는 다른 하나를 상상하기 어렵습니다. 진리는 신을 필요로 한다고 믿는 사람이 보기에는, 신 혼자서도 도덕을 구속력 있는 것으로 만들 수 있습니다. 그것을 보장하는 신이 없다면 기껏해야 상대적 진실만이 존재하기 때문에 한 사람에게 진리인 것이 다른 사람에게는 진리가 아닐 수 있다고 그들은 말합니다. 이러한 상황에서는 옳고 그름을 구분하고 선과 악을 평가하거나, 이기적이고 파괴적인 충동을 억제하고 내면 가치를 키울 근거가 없습니다.

  이러한 관점을 전적으로 존중하지만, 그것은 내가 나누려는 것이 아닙니다. 나는 도덕이 종교 관념이나 신앙에 바탕을 두어야 한다는 의견에 동의하지 않습니다. 그 대신 도덕 역시 인류라는 특징과 인간이라는 공통 조건에 대한 자연스럽고 합리적인 반응으로만 나타난다고 굳게 믿습니다.

이 책은 종교를 주된 주제로 삼은 책이 아닙니다. 하지만 신앙을 가진 사람들과 그렇지 않은 사람들이 서로에 대해 이해하고 존경하도록 만들기 위해, 얼마간의 시간을 내어 종교와 도덕의 관계에 대해 살펴보는 것은 가치 있다고 생각합니다.

수천 년 동안 종교는 인류 문명화 과정의 중심에 존재했습니다. 그러므로 다른 사람에 대한 배려와 더불어 이러한 배려에서 나온 친절, 정직, 인내, 용서 같은 기본 내면 가치 대부분이 오랫동안 종교 용어로 공식화된 것은 조금도 놀랍지 않습니다. 유신론이든 무신론이든 세상의 모든 주요 종교 전통에서 이 가치들은 자기 수양, 만족, 너그러움과 더불어 의미 있고 가치 있는 삶을 사는 데 핵심적인 것으로 찬양됩니다. 이 점은 놀랍지 않습니다. 종교의 주된 관심이 인간 정신에 있으므로 이러한 내면 가치 실천이 그 어떤 종교적 실천과도 한몸을 이루어야 함은 자연스럽습니다. 이러한 내면 가치 실천은 우리 자신과 주변 사람들의 영적 행복이라는 관점에서 어떤 보답을 가져옵니다.

세계 종교들이 내면 가치의 밑바탕과 뒷받침으로 삼는 믿음 체계는 일반적으로 말해 두 범주로 묶을 수 있습니다.

한 가지는 유신론적 종교입니다. 여기에는 힌두교, 시크교, 조로아스터교, 유대교, 기독교, 이슬람교가 포함됩니다. 이러한 전통에서는 궁극적으로 도덕이라는 것이 창조자이며 모든 것의 절대 근원인 신을 이해하는 것을 바탕에 두고 있습니다. 유신론적 관점에서 보면 전 우주가 신성한 창조와 계획의 일부입니다.

그러므로 그 우주의 기본 구조도 신성합니다. 그리고 신은 무한한 사랑이며 무한한 자비이므로 다른 사람을 사랑하는 것은 신을 사랑하고 섬기는 것의 일부가 됩니다. 또한 많은 유신론적 전통에서는 죽음 뒤에 우리가 신의 심판을 맞이하게 된다는 믿음을 갖고 있습니다. 이것은 이곳 지구상에 머무는 동안 더 절제하고 주의 깊은 행동을 하게 만드는 훨씬 강한 동기를 제공합니다. 성실하게 약속한다면, 신에 대한 복종은 자기중심주의를 줄이는 데 강력한 효과를 나타낼 수 있고, 그리하여 매우 확고한 도덕적 세계관을 위한 토대와 심지어 이타적 세계관을 위한 토대도 만들 수 있습니다.

한편 불교, 자이나교, 고대 인도의 삼키아학파(고대 인도의 6파 철학 중 하나. 인간 정신인 푸루샤와 그 질료인 프라크리티의 결합에 의해 세계가 전개된다고 보았음) 같은 무신론적 종교에서는 신성한 창조주에 대한 믿음이 없습니다. 그 대신 인과관계라는 핵심 원리가 존재하며, 이 우주는 시작이 없는 것으로 여겨집니다. 내적 가치와 도덕적 삶의 바탕이 되는 창조자가 없으므로 무신론적 종교에서는 카르마라는 개념이 도덕의 기반이 됩니다. 산스크리트어로 '카르마'는 단순히 '행동'을 의미합니다. 그러므로 카르마에 대해 이야기할 때 우리는 우리 몸과 말과 마음의 모든 의도적 행동을 일컫는 것입니다. 그리고 카르마의 '결실'에 대해 이야기할 때는 그러한 행동의 결과에 대해 말하는 것입니다. 카르마의 원리는 자연법칙으로서의 인과관계를 관찰한 것에 바탕을 두고 있습니다. 우리가 하는 모든 의도적 행동과 말과 생각은 아마도 끝없는 결과의 흐름을 낳을 것입니다. 다시 태어난다는 개념과 계속 이어지는 삶을 결합할 때 이런 식의 이해는 도덕과 내적 가치를 키우기 위한 강력한 토대가 됩니다. 예를 들어 자비를 키우는 것에 대한 불교의 핵심 가르침에는 모든 존재와 깊이 공감하며 연결되는 방법의 일부로서 이렇게 생각하는 것이 있습니다. 모든 존재를 셀 수 없이 많은 자신의 전생에서 한때 자신의 어머니였던 것으로 보는 것입니다.

그러므로 모든 종교가 어느 정도씩은 죽음 이후의 삶과 세상에 대한 형이상학적 이해를 바탕으로 내적 가치와 도덕적 자각을 키우려고 합니다. 여기서 형이상학적이라 함은 실험으로 증명할 수 없음을 의미합니다. 그리고 많은 유신론적 종교에서 신의 심판의 원리가 도덕적 가르침의 밑바탕에 놓여 있듯이 무신론적 종교에서는 카르마와 후생의 개념이 그렇습니다.

종교적 맥락에서, 이러한 이해는 그것이 유신론이든 무신론이든 대단히 중요합니다. 도덕적으로 살아가려는 결심의 토대가 될 뿐 아니라 구원이나 해방 자체에 대한 기초가 되기 때문입니다. 그러므로 종교 수행자들에게는 도덕적 삶을 추구하는 것과 그들의 궁극적인 영적 열망이 서로 분리될 수 없습니다.

나는 인간이 조만간 일체의 종교 없이도 살 수 있게 되리라고 생각하는 사람 중 한 명은 아닙니다. 오히려 신앙이 선을 위한 힘이며, 신앙은 인간에게 무척이나 이로울 수 있다고 생각합니다. 일시적인 육체 존재를 초월하는 인간의 삶을 이해할 수 있게 하면서, 종교는 역경에 맞닥뜨린 사람들에게 희망과 힘을 줍니다. 세상의 위대한 종교 전통의 가치는 나의 예전 책인 《종교의 진정한 연대감을 향해Toward a True Kinship of Faiths》에서 상당 부분 할애하여 논의한 주제입니다. 종교는 사람들을 한데 모으고, 그들을 지도하고 위로하며 사람들이 따라 살려고 하는 선한 삶에 대한 비전을 제시합니다. 하지만 그 모든 이점에도 불구하고 나는 종교가 영적 삶에 없어서는 안 된다고 생각하지는 않습니다.

그러나 도덕의 밑바탕과 내적 가치 키우기에 있어 우리는 어떻게 해야 할까요? 오늘날과 같은 과학의 시대에 많은 사람들에게 종교가 의미 없이 여겨질 때 그러한 가치에 대한 어떤 토대가 우리에게 남겨져 있을까요? 전통적 믿음에 의지하지 않으면서 우리가 도덕적이 되도록 동기를 부여하는 방법을 어떻게 찾을 수 있을까요?

인간이 종교 없이 살 수 있을지라도 내적 가치 없이는 살 수 없다고 생각합니다. 그러므로 도덕이 종교와 분리되어 있다는 나의 주장은 매우 단순합니다. 내가 보기에 영성은 두 가지 차원을 갖고 있습니다. 첫 번째 차원인 기본 영적 행복은 내면의 정신적 감정적 힘과 균형을 의미하며, 이것은 종교에 의존하지 않습니다. 그보다는 자비와 친절, 다른 사람에 대한 보살핌이라는 자연스러운 성향을 가진 존재로서 인간의 타고난 본성으로부터 나옵니다. 두 번째 차원은 종교에 바탕을 둔 영성으로 생각할 수 있습니다. 이것은 우리의 교육과 문화로부터 얻어진 것이고 특정한 믿음과 수행에 연결되어 있습니다.

이 둘의 차이점은 물과 차의 차이와도 같습니다. 종교적 내용이 없는 도덕과 내적 가치는 마치 물과 같습니다. 우리가 건강과 생존을 위해 매일 '필요'로 하는 것이지요. 종교적 내용을 바탕으로 한 도덕과 내적 가치는 마치 차와 같습니다. 우리가 마시는 차의 대부분은 물로 이루어져 있지만 거기에는 찻잎과 향료, 약간의 설탕 같은 몇 가지 다른 성분이 들어가 있으며, 티베트에서는 소금을 넣기도 합니다. 이것은 차를 더욱 영양가 있고 몸에 좋은 것으로 만들고, 우리가 매일 원하는 대상으로 만듭니다. 그러나 그 차가 어떻게 준비되든 상관없이 주성분은 언제나 물입니다. 우리는 차 없이는 살 수 있지만, 물 없이는 살 수 없습니다. 우리가 종교 없이 태어나지만 살면서 자비는 반드시 필요한 것처럼 말입니다.

그러므로 종교보다 더 근본이 되는 것은 기본적인 인간의 영성입니다. 종교적 토대를 갖고 있든 그렇지 않든 상관없이 우리는 인간으로서 사랑, 친절, 애정의 근본 성향을 지니고 있습니다. 이렇게 가장 근본적인 인간 자원을 키울 때, 즉 다른 사람에게서 우리 모두가 고마워하는 그러한 내적 가치를 키우기 시작할 때, 우리는 영적인 삶을 살게 됩니다. 그러므로 과학의 시대에 잘 어울리는 내적 가치 키우기를 뒷받침하는 법과 도덕을 그 밑바탕에 두는 법을 찾는 것이 우리에게 주어진 도전입니다. 동시에 인간 정신의 더 깊은 욕구도 무시하지 않아야 하는데, 많은 사람에게 종교가 그 해답을 주고 있습니다.

모든 문화와 모든 철학 그리고 실로 모든 개별적 시각에서 인간의 본성이 본질적으로 무엇인지에 대해 일치하는 의견은 없습니다. 그 대신 많은 관점이 존재하는 것 같습니다. 가장 단순화하면 이 다양한 관점의 한쪽 끝에는 우리가 본래 근본적으로 폭력적이고 과격하며 경쟁적이라고 믿는 사람들이 있습니다. 한편 반대쪽 끝에 있는 또 다른 사람들은 우리가 주로 다정함과 사랑의 경향을 지닌다는 견해를 선택합니다. 대부분의 관점은 우리 모두의 특성과 경향을 다양한 수준에서 받아들이면서 이 양극단 사이에 놓여 있습니다.

일반적으로 인간의 본성이 파괴적 성향에 의해 지배된다고 본다면 우리의 도덕은 우리 바깥에 있는 무엇인가에 바탕을 둘 개연성이 매우 높습니다. 우리는 도덕을 다음과 같이 이해할 것입니다. 더 위대한 어떠한 선의 이름으로 그 파괴적 경향을 억누르기 위한 수단이라고. 그러나 인간의 본성이 대개 다정함과 평화로운 삶을 위한 욕구 쪽으로 편중된 것으로 본다면, 우리는 도덕을 우리의 타고난 가능성을 추구하기 위한 자연스럽고 합리적인 수단으로 볼 수 있습니다. 이러한 이해를 바탕으로 하면, 도덕은 따라야 할 규칙이라기보다는 우리 본성의 그러한 측면을 발달시키기 위한 내면의 자기 규제 원리가 됩니다. 우리는 이것을 우리 자신의 행복과 다른 사람의 행복에 도움이 되는 것으로 인식합니다. 이 두 번째 접근법은 우리 자신에게 초점이 맞추어집니다.

현세적 도덕에 대한 포괄적인 접근을 위해서는 단 두 가지의 기본 원리를 인식하는 것이 필요하다고 생각합니다. 그중 한 가지는 보편적으로 받아들여질 가능성이 있습니다. 이 두 가지 모두 인간으로서의 공통된 경험과 상식을 바탕으로 쉽게 파악할 수 있는 것들입니다. 둘 모두 심리학, 신경과학, 임상과학 같은 현대적 연구 분야에서 발견한 것으로 뒷받침됩니다.

첫 번째 원리는 '인간 존재라는 우리의 공통성'과, 행복을 추구하고 고통을 피하려는 우리의 공통된 갈망을 인식하는 것입니다. 두 번째 원리는 인간 실체의 핵심적 특징인 '상호의존성'을 이해하는 것입니다. 여기에는 사회적 동물로서의 생물학적 실체가 포함됩니다. 이 두 가지 원리로부터 우리는 우리 자신의 행복과 타인의 행복 간의 불가분의 연결성을 이해하게 됩니다. 그리고 다른 사람의 행복에 대한 진정한 배려를 발달시킬 수 있습니다. 이것들이 합쳐져서 도덕적 자각 형성과 내적 가치 발달을 위한 적절한 토대를 이룬다고 생각합니다. 이러한 가치를 통해 우리는 다른 사람과의 연결감을 얻게 되고, 좁은 이기심을 넘어 행동함으로써 삶의 의미와 목적, 만족감을 찾게 됩니다.

이러한 현세적 접근법을 머릿속에 그리는 방식을 체계적으로 설명하기에 앞서, 이 주제에 대한 나의 관점을 이루는 배경과 원동력에 대해 몇 마디 하고 싶습니다.

나는 티베트 대승불교 전통에 따라 성장한 승려입니다. 인간의 본성과 행복 추구 같은 주제뿐 아니라 도덕에 대한 나의 이해는 이러한 배경에 의해 만들어졌습니다. 개인 차원에서의 도덕 수행을 위한 매일매일의 접근법은 인도 날란다 전통의 문헌에서 깊은 영향을 받았습니다. 날란다 전통은 중요한 철학적 물음을 도덕적 삶 그리고 명상 수행과 결합시킵니다. 이 책에서 나는 날란다 전통의 몇 가지 자원에 의지합니다. 그러나 이 책을 쓰는 나의 의도는 분명 좀 더 많은 불교도를 만들려는 것이 아닙니다!

사실 서양에서 불교의 가르침에 대해 강연해달라고 요청받으면 나는 사람들이 그들 자신의 문화와 교육적 배경에 깊이 뿌리내리지 않은 종교 수행을 채택하는 것은 좋은 생각이 아니라는 개인적 견해를 종종 나눕니다. 그렇게 하는 것은 어려울 수 있고 불필요한 혼란을 낳을 수 있습니다. 나의 동기는 인류가 더 나아지는 데 기여하기를 바라는 단순한 소망입니다. 나 자신의 전통에서 나온 자원이 그 전통 바깥에 있는 사람들에게 유용할 수 있다면 그 자원에 의지하는 것도 좋다고 생각합니다. 이 책을 쓰는 나는 나 자신의 신앙을 전파하는 데는 결코 관심이 없습니다. 그 대신 이 책의 독자들에게 그들 자신의 문제를 살펴보라고 당부합니다. 그렇게 살펴보는 동안 유용한 고전 인도 사상의 통찰 몇 가지를 발견하게 된다면 그것은 대단히 훌륭합니다! 그러나 그렇지 않다고 해도 그것 역시 괜찮습니다!

   그러므로 뒤에 나오는 내용에서는 불교도나 종교를 믿는 사람으로서가 아닌, 70억에 가까운 사람 중 단지 한 명의 인간으로서 나의 생각을 나눌 것입니다. 인류의 운명에 대해 걱정하고, 인류의 미래를 보호하고 더 나아지게 하기 위해 무엇인가를 하고 싶어 하는 한 사람으로서의 견해를.

2
우리 모두는 하나

인간으로 존재한다는 것

사람들을 관찰해보면 다음과 같은 사실을 알 수 있습니다. 그들이 주변 사람들과 주변 세상을 어떻게 대하는가는 대체로 자기 자신을 어떻게 인식하는가에 달려 있습니다. 우리 모두는 '우리가 누구인가'라고 생각하는 데 다양한 방법을 갖고 있고, 이렇게 다른 관점은 우리의 행동에 영향을 미칩니다. 예를 들어 우리는 우리 자신을 남성이나 여성이라는 성별의 관점에서 생각하거나, 이런 종교나 저런 종교를 믿는 사람, 혹은 어떠한 인종이나 국가의 일원으로 생각할 수 있습니다. 이를테면 아버지나 어머니 같은 가족 구성원의 관점에서 생각할 수도 있습니다. 직업이나 교육 수준, 삶에서 이룬 것과 자신을 동일시할 수도 있습니다. 어떤 관점을 택하는가에 따라 우리는 자신에 대한 다른 기대치를 갖습니다. 결국 이것은 다른 사람을 대하는 태도를 포함한 우리의 행동에 영향을 미칩니다.

누구나 자신만의 개별적 정체성이 있습니다. 이 때문에 도덕에 대한 진실로 보편적인 접근법을 발달시키려 할 때는 무엇이 우리 모두를 하나로 묶게 하는지 확실히 이해하는 것이 가장 중요합니다. 다시 말해 인간 존재의 공통점을 이해하는 것이 중요합니다. 우리 70억 인구 모두는 인간입니다. 이런 점에서 우리 모두는 1백 퍼센트 같은 존재입니다.

우선 실제로 우리를 인간이게 하는 것이 무엇인지 생각해봅시다. 첫째, 우리의 몸이 많은 뼈, 근육, 혈액으로 이루어져 있다는 사실은 우리의 단순한 물리적 실체입니다. 우리 몸은 아주 많은 분자와 원자 등으로 이루어져 있습니다.

기본적 물질 차원에서는, 인간을 구성하는 물질과 이를테면 바윗덩어리를 구성하는 물질 사이에 질적인 차이가 없습니다. 물질 구성 면에서 보면 바윗덩어리와 우리 인간의 몸은 둘 다 궁극적으로 미세한 입자들이 모여 이루어집니다. 현대 과학은 우주의 모든 물질이 끊임없이 재사용되고 있다는 사실을 알려줍니다. 많은 과학자들은 우리 몸속의 바로 그 원자들이 아주 오래전에는 지구에서 멀리 떨어진 행성에 속해 있었던 것이라는 관점을 가지고 있기도 합니다.

그러나 인간이 바윗덩어리와는 매우 다른 부류에 속한다는 사실은 분명합니다. 우리는 태어나고, 자라고, 그리고 죽습니다. 식물이나 다른 모든 동물이 그렇듯이 말입니다. 그러나 식물과는 달리 우리는 의식적인 경험도 하고 있습니다. 고통을 느끼고 즐거움을 경험합니다. 우리는 지각 있는 존재이며, 티베트어로 이것을 '셈덴'이라고 부릅니다.

지금은 세상을 떠난 신경생리학자인 프란시스코 바렐라와 많은 대화를 나누는 동안, 우리는 무엇이 지각 있는 생명체를 식물 형태의 생명체와 구별 짓는가에 대해 이야기했었습니다. 내 기억으로는 그가 '어느 개체가 이곳에서 저곳으로 자기 자신을 움직일 수 있는 능력'을 한 가지 기준으로 들었습니다. 혹은 그것과 비슷한 말이었습니다. 한 유기체가 위험에서 벗어나고 살아남기 위해, 혹은 먹이를 얻고 번식하기 위해 몸 전체를 한 곳에서 다른 곳으로 움직일 수 있다면, 그 유기체를 지각을 가진 존재로 생각할 수 있을 것입니다.

이러한 정의는 무척 흥미로웠습니다. 왜냐하면 과학적인 관점에서조차 살아 있는 존재에 대한 그런 정의가 기쁨과 고통을 느낄 수 있는 능력, 그 감정들에 반응하는 능력과 관계 있음을 암시하기 때문입니다. 그 반응 대부분이 혹은 심지어는 전적으로 본능에 의한 것이라도 말입니다. 가장 근본적인 차원에서는, 의식적인 경험을 하면서 주변 환경에 반응할 수 있는 능력이 가장 넓은 의미에서 '마음'으로 여길 수 있는 것입니다.

'마음'을 이루는 것이 무엇인지와 어찌하여 인간의 마음이 다른 존재의 마음과 구분되는지에 대한 방대한 주제를 긴 시간 다루기에는 이곳이 적절한 장소는 아닙니다. 그러므로 여기서는 몇 마디 말로도 충분할 것입니다.

현대 과학에 따르면 인간 경험의 기본 요소는 시각, 청각, 촉각, 미각, 후각 같은 우리 감각의 데이터입니다. 지각의 또 다른 차원에는 이러한 기본적인 감각을 주관적으로 경험하는 것이 존재합니다. 즉 우리가 그것들을 유쾌하게, 불쾌하게, 중립적으로 경험하는가 혹은 이것들의 몇 가지 조합으로 경험하는가입니다. 내가 알기로는 다른 동물과 마찬가지로 우리는 이런 종류의 감각적 경험을 유쾌하거나 고통스럽게 인식합니다. 예를 들어 조류와 포유류는 우리와 매우 비슷한 방식으로 감각적 경험을 인식하는 듯합니다. 반면 물고기나 곤충 같은 다른 종류의 동물들은 이 점에서 우리와 상당히 다른 것 같습니다.

다양한 종류의 동물들에서, 이러한 지각의 범위가 얼마나 넓고 다채로운가에 관계없이, 의식적 경험을 하는 모든 존재의 성향이 즐거운 경험을 추구하고 불쾌하거나 고통스러운 경험은 피하려 한다는 점은 분명합니다. 이런 근본적인 관점에서 우리 인간은 다른 동물과 다르지 않습니다. 다른 동물들처럼 우리는 고통을 피하려 하고, 자연스레 유쾌하거나 행복한 경험 쪽에 이끌립니다.

그러나 이러한 근본 성향이 지각을 가진 존재를 일반적으로 규정하는 특징이라면, 인간은 다소 특별한 범주에 속합니다. 분명히, 인간이 된다는 것에는 감각적 경험에 단순히 반응하는 것 이상이 존재합니다. 예를 들어 우리는 개나 고양이 같지 않습니다. 개나 고양이는 대체로 자신의 경험에 순전히 본능으로만 반응합니다. 우리 인간은 수천 년 동안 엄청나게 복잡한 방식으로 진화해왔고, 그것은 우리를 그 밖의 모든 동물들과 구분 짓습니다. 이 차이점은 다른 종보다 전두엽이 훨씬 발달한 우리의 커다란 뇌에 반영되어 있습니다.

인간 마음의 복잡성에 대해 이야기할 때 나는 우리의 지적 혹은 합리적 사고 과정과 자아성찰 능력에 대해서만 생각하진 않습니다. 그보다는 우리 의식 경험의 모든 영역에 대해 생각합니다. 여기에는 생각, 상상, 기억뿐 아니라 느낌과 감정도 포함됩니다. 사실 '마음'이나 '경험'에 대해 다소 일반적으로 말할 때, 나는 보통 티베트어인 셈(마음)과 세파(인식)를 염두에 두고 있습니다. 두 단어 모두 영어나 다른 서양 언어에서 말하는 '마음'이나 '정신' 같은 단어들과 관련된, 뚜렷한 지적 활동만을 의미하지는 않습니다. 오히려 두 단어는 느낌과 감정을 포함한 우리 내적 경험의 모든 영역을 일컫습니다. 서양 언어에서는 종종 '가슴'에서 일어나는 일로 표현됩니다.

얼마 전부터 서양 과학자들이 오랜 기간 명상 수행을 한 티베트인들을 대상으로 신경과학 분야의 실험을 수행하기 시작했습니다. 명상 수행의 생물학적 영향을 측정하기 위해서였습니다.

한번은 그 과학자들이 이곳 다람살라에 있는 남갈 사원에서 한 무리의 승려들에게 자신들의 실험에 대해 이야기하고 있었다고 합니다. 자신들의 기술을 보여주기 위해 과학자 중 한 명이 머리에 흰색 모자를 썼는데, 그 모자에서는 엄청난 양의 전선과 전극이 튀어나와 있었습니다. 그를 보고서 승려 몇몇이 웃음을 터뜨렸습니다. 과학자들은 서양 과학자가 머리에 전선을 붙이고 있는 낯선 광경 때문에 승려들이 웃는다고 생각했습니다. 그러나 놀랍게도 승려들은 전선이 머리에만 붙어 있고 몸의 다른 부분에는 붙어 있지 않기 때문에 웃었던 것임이 밝혀졌습니다. 실로 그 실험의 의도가 자비나 친절 같은 특징을 측정하려는 것이었다면 심장과 같은 신체의 다른 부분도 똑같이 중요하지 않겠습니까? 오늘날 우리는 현대적 과학 모형에 상당히 익숙해져 있으며, 현대 과학이 주로 뇌에 초점을 맞춘다는 사실에 더 이상 많이 놀라지 않습니다. 이 일이 있고 나서 그 과학자들 역시 자신들의 방식을 다소 바꾸었습니다. 이제 그들은 심장의 변화를 감지하는 측정 방법도 실험에 포함시킵니다.

무엇이 인간 마음을 다른 존재의 마음과 구분 짓는가 하는 문제에서, 몇 가지 주된 특징은 그 즉시 분명해 보입니다. 우리 인간은 기억이라는 강력하고 미묘한 능력을 갖고 있습니다. 이것은 다른 여러 동물에 비해 훨씬 큰 능력처럼 보이며, 우리의 생각을 과거로 돌아가게 합니다. 우리에게는 생각을 미래로 가게 하는 능력도 있습니다. 게다가 매우 강력한 상상력뿐 아니라 상징적 언어를 통한 고도로 발달된 의사소통 능력도 있습니다. 그리고 아마도 가장 특징적인 것은 이성적 사고 능력을 가진 점일 것입니다. 이것은 현실과 상상의 상황 모두에서 서로 다른 결과를 비판적으로 평가하고 비교할 수 있는 능력입니다. 다른 동물은 이 능력이 제한되어 있으며, 정교함의 차원에서 인간에게 대적할 수 없습니다.

이러한 특징과 더불어 우리는 인간 정체성의 중심이 되는 다른 특징도 갖고 있습니다. 본능적으로 공감하는 능력이 그것입니다. 물론 우리만 그런 능력을 갖는 것은 아닙니다. 몇몇 다른 동물들도 공감과 비슷한 행동을 나타냅니다. 그럼에도 불구하고 공감은 인간의 본질적 특징입니다. 고통받고 있는 사람이나, 심지어 길에서 만난 낯선 이, 텔레비전에서 보거나 라디오에서 듣게 된 자연재해의 희생자에게조차 우리는 그 사람의 고통에 대해 본능적으로 반응합니다. 그뿐 아니라 거기에 대한 조치를 취하려는 것이든 그렇지 않든 상관없이, 길에서 본 그 낯선 이를 돕거나 텔레비전에서 본 사람의 고통을 줄이기 위해 무엇인가를 하려는 본능적 충동도 경험합니다.

마찬가지로 역경을 이겨낸 사람들을 목격하게 될 때, 다른 사람의 체험에 공감하는 우리의 본능적 능력은 그들과 기쁨을 함께 나눌 수 있게 합니다. 많은 사람들이 영화와 스포츠 경기, 연극을 즐겨 보고 재미있는 책 읽기 등을 좋아하는 이유 가운데 일부는 이 때문이라고 생각합니다. 그것이 스릴을 안겨줄 뿐 아니라, 다른 사람들의 기쁨과 슬픔을 마치 우리 자신의 것인 양 느낄 기회를 주기 때문입니다. 우리는 본래 공감하는 것을 좋아하고, 우리 삶에서 그것을 종종 찾아냅니다. 이러한 기쁨의 예는 우리가 어린아이에게서 느끼는 기쁨입니다. 우리는 아이를 향해 미소 짓거나 무엇인가를 주거나 이야기를 들려줄 때 아이들의 빛나는 얼굴 보기를 좋아합니다. 이와 똑같이, 자연적으로 우리는 사랑하는 사람의 행복에 함께 기뻐합니다. 어느 누구든 다른 사람이 얼굴 찌푸리는 모습보다는 웃는 모습 보기를 좋아합니다.

우리는 사회적 동물이기 때문에, 즉 생존과 번영이 집단이나 공동체의 일부가 되는 것에 달려 있기 때문에, 우리의 공감 능력은 행복과 건강을 추구하려는 우리의 행동에 큰 영향을 줍니다.

행복과 고통을 느끼는 이유

우리 모두가 행복한 삶을 추구한다는 것은 확인할 필요 없는 사실입니다. 어느 누구도 어려움이나 역경을 바라지 않습니다. 그것은 우리 몸의 구성 성분 자체가 확인해주는 내용입니다. 행복하고 평화로우며 두려움과 걱정이 없는 사람은 실제로도 건강상의 혜택을 누린다는 사실이 의학계에서 점점 더 밝혀지고 있습니다. 질병으로 고통받는 사람조차 긍정적인 관점을 가지면 훨씬 더 나아진다는 사실은 상식이기도 합니다. 그러므로 우리의 이러한 몸이 행복한 삶을 살기 위해 만들어진 것임은 단순한 진리라고 생각합니다. 행복한 마음은 건강한 마음이고, 건강한 마음은 몸에도 좋습니다.

그러나 인간의 행복과 고통은 다른 동물과 달리 직접적이지 않습니다. 개는 좋은 음식을 먹고 베란다에 나가 누워 있으면 행복을 발견할 수 있습니다. 우리도 그런 단순한 기쁨을 누릴 수 있지만 진정한 인간적 만족을 위해서는 분명 그것들로는 충분하지 않습니다.

행복을 찾고 고통을 피하려는 인간의 끊임없는 행동은 인류의 위대한 업적을 설명할 뿐 아니라 수백만 년에 걸쳐 진화해온 우리의 커다란 뇌도 설명해줍니다. 종교라는 관념마저도 이러한 추구에서 나온 것이라고 생각합니다. 왜냐하면 삶을 살아가는 동안 우리는 우리 능력으로 통제할 수 없는 영역의 문제들에 어쩔 수 없이 직면하기 때문입니다. 그러므로 희망을 유지하고 영혼을 고양하기 위해 우리는 신앙을 발전시켰고, 신앙을 뒷받침하기 위해 기도에 의지하게 되었습니다. 기도는 종교의 핵심 요소입니다. 마찬가지로, 과거 수 세기 동안 인간이 과학과 기술 혁신에서 이룬 뛰어난 성취는 고통을 극복하고 행복을 얻으려는 욕구에서 나온 것입니다.

그러나 우리의 특별한 정신적 정교함이 우리 인간을 다른 형태의 생명체와 구분 짓고 하나의 종으로서 놀라운 성공을 이루게 한 원동력이 되기는 했지만, 동시에 바로 이 정신적 정교함이 우리에게 지속되는 대부분의 어려움과 역경의 근원이기도 합니다. 무장 갈등, 빈곤, 불공정, 환경 파괴처럼 오늘날 세상에서 우리가 직면하는 대부분의 문제는 복잡한 인간 활동에 의해 일어났고 지금도 지속되고 있습니다. 나아가 두려움, 분노, 스트레스처럼 개인 차원에서 끊임없이 이어지는 내적 고통의 근원 역시 우리의 정신적 정교함, 쉽게 자극받는 상상력과 밀접한 관련이 있습니다.

행복을 추구하고 고통을 피하려 한다는 점에서 우리 모두는 근본적으로 같은 존재이고, 그러므로 동등합니다. 이것은 중요한 점입니다. 만약 우리가 이러한 인간 존재로서의 근본적 동등성을 나날의 관점에 결합한다면, 일반적으로 사회에 커다란 도움이 될 뿐 아니라 우리 개인에게도 도움이 될 것임을 확신합니다. 나 자신도 사람들을 만날 때면 그들이 대통령이든 거지든, 얼굴색이 검든 희든, 키가 크든 작든, 부유하든 가난하든, 국적과 종교가 무엇이든 그들과 단지 인간으로서 관계를 맺으려고 노력합니다. 나와 마찬가지로 행복을 추구하고 고통을 피하고 싶어 하는 인간으로서. 이러한 관점을 택하면 그 순간까지 나에게 완벽한 이방인이었던 사람과도 자연스러운 친밀감이 생기는 것을 발견하게 됩니다. 우리의 모든 개인적 특징에도 불구하고, 어떤 교육을 받고 어떤 사회계급을 물려받고 삶에서 무엇을 이루었든 상관없이 이토록 짧은 우리 인생에서 우리 모두는 행복을 찾고 고통을 피하려 합니다.

이런 이유로 나는 우리를 구분 짓는 요소들이 실제로는 우리가 공유하는 것들보다 훨씬 더 표면적임을 종종 지적합니다. 인종, 언어, 종교, 성별, 부와 그 밖의 다른 것들처럼 우리를 구분 짓는 그 모든 특징에도 불구하고 우리는 인간 존재라는 기본 측면에서 모두 같습니다. 그리고 우리가 동등한 존재라는 이 점은 과학적으로 입증됩니다. 예를 들어 인간 게놈(한 생물이 가지는 모든 유전 정보를 뜻함. 인간 유전자의 모든 염기 서열을 해독하려는 '인간 게놈 프로젝트'가 1990년부터 2003년까지 진행되었음) 서열은 인종별 차이가 유전적 구성의 극히 일부에 지나지 않음을 보여주었습니다. 우리 모두는 게놈의 상당수를 공유하고 있습니다. 사실 게놈 차원에서는 다른 인종 사이의 차이보다는 개인 간의 차이가 훨씬 더 큰 것 같습니다.

이 점을 고려할 때, 우리 모두가 '우리 인간 존재'라는 문구에 뿌리를 둔 정체성을 바탕으로 생각하고 행동해야 할 때가 왔습니다.

3

행복을 찾아서

 인간은 희망을 가지고 있어야만 살아남고, 희망은 그 정의상 더 나은 것에 대한 생각을 의미합니다. 내가 보기에 우리의 생존은 미래의 행복이라는 어떤 관념에 의존하는 것 같습니다. 그러나 인간이 근본적으로 행복을 찾고 고통을 피하려는 성향이 있다는 사실을 받아들인다 해도, 행복이 무엇을 의미하고 그것이 어디서 오는가는 여전히 탐구해야 할 대상입니다. 행복은 다소 일반적인 용어입니다. 그러므로 오해의 소지가 있습니다. 예를 들어 이 책은 궁극의 행복이라는 종교적 관념을 현세적 맥락에서 이야기하는 것이 아님을 분명히 밝혀둘 필요가 있습니다. 그보다는 우리 모두가 나날의 일상적인 의미에서 이해하는 단순한 기쁨이나 행복에 대해 이야기하는 것입니다.

 앞에서 말했듯이 우리 존재의 복잡성으로 인해 행복을 얻는 것은 그리 간단하지 않습니다. 예를 들어 개나 고양이의 행복과 달리, 인간의 행복은 단순한 감각적 욕구의 만족 그 이상을 요구합니다. 그렇다면 무엇이 인간 행복의 근원일까요?

아마도 대부분의 사람들의 머릿속에 이른바 돈과 건강, 우정(유대감)이라는 세 요소가 인간 행복에 크게 기여한다는 생각이 즉시 떠오를 것입니다.

돈부터 시작해봅시다. 물질적 상황이 우리 행복에 영향을 미칠까요? 물론 그렇습니다! 우리의 행복에서 물질의 중요성을 부인하는 것은 어리석은 일입니다. 산속 동굴에 혼자 사는 은둔 수도자조차 음식과 옷이 필요합니다. 사람은 일정 수준의 물질적 안락함이 없다면 인간으로서 누구나 누려야 할 존엄성을 갖고 살아갈 수 없습니다. 물론 돈은 고통을 피하고 행복을 얻으려는 우리의 추구에서 중요한 요소입니다.

그러나 얼마의 돈이면 충분할까요? 우리 티베트인들은 때때로 돈을 '쿵가 돈둡'이라는 별명으로 부릅니다. 티베트인의 귀에는 이 소리가 평범한 사람의 이름처럼 들리지만, 사실 그것은 '우리 모두를 행복하게 만들고 우리의 소망을 이루게 하는 것'을 의미합니다. 돈은 우리에게 선택권과 자유를 주기 때문에, 사람들이 돈을 무척 유혹적인 것으로 보고, 아무리 많은 돈도 충분하지 않다고 말하는 것이 당연합니다. 때때로 나는 티베트 청중이 쿵가 돈둡에 헌신하는 것을 가지고 그들을 놀립니다. 여러분도 알다시피 우리 티베트 사람들은 대개 전통 종교 수행의 일환으로 '옴마니밧메훔'처럼 관세음보살(불교의 대표적인 보살로 자비의 화신. 옴마니밧메훔은 불교 경전인 《천수경》에 나오는 관세음보살의 진언)과 관련된 만트라를 암송합니다. 사람들은 하루 종일 이것을 반복하여 암송하며 종종 숨 쉬는 동안에도, 심지어는 다른 일들로 바쁜 때에도 "옴마니밧메훔, 옴마니밧메훔"하고 말합니다. 그러나 이것을 빨리 말하면 약간 웅얼거리게 됩니다. "옴마니밧메, 옴마니밧메…… 마니밧메…… 옴마니…… 마니…… 마니"처럼 말이지요. 이때쯤 되면 이 소리는 마치 사람들이 영어로 "머니(돈), 머니, 머니" 하고 말하는 것처럼 들립니다!

농담은 그만 접겠습니다. 거듭 말하지만 부와 풍요로움은 물론 혜택을 가져옵니다. 인간으로서 우리는 제대로 된 피난처와 건강에 이로운 환경, 영양가 있는 음식, 깨끗한 물이 필요합니다. 이것들은 우리에게 기본으로 필요한 것들이며, 보통 말하는 인간 행복의 전제 조건이기도 합니다.

그러나 새로운 집과 새로운 차, 새로운 휴대전화처럼 더 많은 부의 혜택이 평안함이나 일상적 편리함의 차원을 일시적으로 조금 높일 수는 있겠지만, 이것이 전반적인 행복감에 기여하거나 지속적인 만족을 가져오리라는 보장은 없습니다. 사실 예전보다 더 많은 소유물을 얻게 되는 것은 종종 더 큰 불안과 스트레스, 걱정으로 이어집니다. 그리고 곧이어 이 요소들은 분노나 심지어 원한까지 키울 수 있습니다.

흥미롭게도 최근 심리학자들과 사회과학자들이 수집한 증거는 다음의 사실을 매우 분명히 드러냅니다. 물질적으로 무언가를 얻는 것은 '정신적 풍요로움'이라고 부르는 것에 일시적 영향만을 준다는 사실입니다. 이 연구에 따르면 새로운 물건을 샀을 때의 최초의 흥분감이 사라지고 나면 우리의 행복은 재빠르게 예전 수준으로 돌아갑니다. 티베트 구어 중에는 이 현상을 매우 잘 설명하는 표현이 있습니다. 나는 이 말에 대응할 만한 똑같은 다른 언어 표현은 알지 못합니다. 어떤 사람이 새로 무언가를 얻었다는 흥분감에 이끌릴 때 우리는 그 사람을 '아사르 차포'라고 부릅니다. '매우 아사르하다'는 뜻입니다. '사르'는 '새로운 것'을 의미합니다. 이것은 그 사람이 욕심이 많을 뿐 아니라 흥분하기 쉽고 변덕스럽다는 뜻입니다. 언제나 최신 유행이나 최신 상품만을 좇는다는 의미입니다. 현대의 소비문화는 이러한 종류의 변덕스러움을 부추기는 것 같습니다.

자연계에서의 자원에 대한 갈등에서부터 가족 간의 갈등에 이르기까지 물질적 가치는 아주 빈번히 문제의 근원이 됩니다. 그리고 물질의 풍요로움은 행복을 보장하지 않습니다. 사실 나는 상당한 재력을 지닌 부자들을 꽤 많이 만나보았습니다. 심지어 수조 달러의 재산을 가진 사람도 있었습니다. 그들은 개인적으로 자신의 삶이 매우 불만족스럽고 불행하다고 고백했습니다. 부는 사람들 주변에 일종의 보호막을 만들며, 이것은 종종 외로움을 불러옵니다. 그러므로 쿵가 돈둡은 많은 괴로움도 가져오는, 신뢰할 수 없는 친구입니다. 물질적 부는 많은 스트레스와 불행의 근원이 될 수 있지만, 사랑과 자비를 바탕으로 한 정신적 부는 그렇지 않습니다. 그러므로 우리가 정말로 어떤 종류의 부를 추구해야 하는지는 분명합니다.

그러나 당신은 이렇게 말할지도 모릅니다. 부는 매우 오래 지속되는 일종의 안전과 만족감을 준다고. 아마도 이것은 사실일 것입니다. 그러나 물질적 부가 실제로 얼마나 견고할 수 있을까요? 주기적으로 일어나는 자연재해는 우리가 느끼는 물질적 안전이 실상 얼마나 보잘것없는지를 일깨워줍니다.

그러므로 돈과 소유물, 지위보다 훨씬 중요한 것은 우리 존재의 내적 정신적 상태입니다. 빈곤한 가정의 구성원일지라도 가족 사이에 애정과 다정함, 신뢰가 있다면 행복할 것입니다. 부유한 그들의 이웃은 비록 호화롭게 살지라도 의심이나 원한으로 마음이 괴롭다면 진정한 행복을 느낄 수 없을 것입니다. 이것은 상식입니다. 그러므로 궁극적으로는 정신의 차원이 핵심입니다.

최근의 사회과학 연구에서는 부의 정신적 혜택이 일시적일 뿐 아니라, 부유한 자와 가난한 자 사이에 커다란 격차가 있을 때보다 부가 좀 더 고르게 분배되었을 때 사회에서 사람들의 일반적인 만족 수준이 더 높음이 밝혀졌습니다. 이 연구는 객관적 물질적 기준으로는 행복을 측정할 수 없고, 행복은 부와의 관계나 그것에 대한 개인의 정신적 태도에 영향을 미치는 광범위한 전후 사정의 요소에 의존함을 나타내기도 합니다.

그렇다면 건강은 어떨까요? 건강이 행복의 원천일까요? 다시 한 번 말하지만, 그것은 분명합니다. 우리 대부분이 직접 경험했듯이, 지속적 고통이나 불편함 속에 있을 때는 긍정적인 태도를 유지하기가 무척 어려울 수 있습니다. 그러므로 신체 건강을 잘 돌보는 것이 중요합니다. 우리는 잘 먹고, 잘 자고, 적당한 운동을 해야만 합니다. 병이 나면 자격 있는 의사에게 적절한 조언을 듣고, 처방받은 치료법을 따라야 합니다. 이 정도까지는 분명합니다.

그러나 만약 건강을 완전히 육체적인 것으로만 생각하고 정신적 감정적 요소를 무시하면서 몸 상태에만 관심을 둔다면 잘못 판단하는 것입니다. 육체적 건강을 누리는 것과 행복한 것 사이에는 필연적 혹은 직접적인 연관이 없기 때문입니다. 건강하고 튼튼한 신체를 가진 사람도 불행해질 수 있지 않습니까? 사실 이것은 매우 흔한 일입니다. 그리고 건강이 좋지 않은 사람이, 심지어 건강이 아주 나쁜 사람이 그럼에도 불구하고 행복해지는 것도 그것과 똑같이 가능하지 않습니까? 나는 그렇다고 확신합니다. 이를테면 나이가 아주 많은 사람들의 육체적 허약함이 반드시 불행을 가져올까요? 절대 그렇지 않습니다!

육체적 건강이 인간의 행복에 기여하기는 하지만 그것이 행복의 궁극적 원천은 아닙니다. 그 대신 행복의 진정한 근원은, 거듭 말하지만, 우리의 마음 상태, 세계관, 동기, 다른 사람에 대한 따뜻한 마음의 차원과 관련 있습니다.

이제 우정에 대해 생각해봅시다. 확실히, 시간을 함께 보내고 경험을 나누는 단짝 친구가 있는 것은 무척 중요합니다. 우리는 사회적 동물이기 때문에 다른 사람과의 관계가 우리의 행복에 결정적인 역할을 합니다. 그러나 표면적인 효과만을 가져오는 얄팍한 관계와 진정한 우정을 구분 짓는 것이 무엇인가를 유심히 살펴보아야 합니다. 인간 사회에서 돈과 사회적 지위, 외모가 상당한 주목을 불러온다는 데는 의심의 여지가 없습니다. 그러나 이런 주목의 진정한 목적이 무엇입니까? 그 사람들은 우리의 진정한 친구가 아니라 우리가 가진 돈과 지위, 훌륭한 외모의 친구일 수도 있지 않을까요? 그렇다면 우리의 운이 다하면 무슨 일이 일어날까요? 만약 우리가 뛰어난 외모나 돈을 잃는다면? 그 친구들은 우리가 그들을 필요로 할 때도 계속 있어줄까요, 아니면 그저 달아날까요? 위험한 점은 그 친구들이 금방 사라진다는 것입니다.

진정한 우정이 신뢰와 애정을 바탕으로 한다는 점은 분명합니다. 그것은 서로에 대한 배려와 존중감이 있을 때만 생길 수 있습니다. 그러므로 외로움이나 고독감의 반대 감정인 신뢰감과 자애로움은 단순히 겉으로 보이는 다른 사람의 존재나 우정의 겉모습으로부터 나오는 것이 아니라, 그 사람에 대한 우리 자신의 배려와 존중의 태도에서 나옵니다. 그것들의 궁극적 근원은 우리 안에 있습니다.

몇 해 전 스페인을 방문한 나는 수도원 뒤편에서 은둔자로 다섯 해를 보낸 기독교 수도자를 만난 적이 있습니다. 그 시간 내내 무엇을 했느냐고 물었더니 그는 사랑에 대해 명상했다고 대답했습니다. 그가 나보다도 더 부족한 영어로 이 말을 했을 때 나는 그의 눈에서 더 이상 말이 필요 없는 깊은 감정을 보았습니다. 홀로 지냈지만 외로움을 느끼지 않은 사람의 예가 여기 있습니다. 무엇보다도 우리를 다른 사람과 연결하는 것은 따뜻한 마음과 자비입니다. 친구나 추종자가 많은 듯한 사람이라도 상당한 고립감을 느낄 수 있습니다. 나는 그 사람들에게 그러한 외로움에 대한 단 하나의 해독제는 그들 자신의 내적 태도라고 상기시키곤 합니다. 그 내적 태도는 인간을 향한 애정과 배려, 따뜻한 마음입니다.

이런 생각들은 우리가 행복에 대해 이야기할 때 대체로 매우 다른 두 상태를 종종 뒤섞고 있음을 나타냅니다. 만족의 두 가지 차원입니다. 한편에는 감각적인 경험을 뒤따라오는 즐거운 감정이 존재합니다. 부와 건강, 우정은 모두 그 감정에 크게 기여합니다. 다른 한편에는 외부 자극으로부터가 아니라 우리 자신의 마음 상태에서 나오는 더 깊은 차원의 만족이 존재합니다. 인간의 진정한 행복에 대해 이야기할 때 내가 의미하는 것은 우리 안에 있는 이 두 번째 차원의 만족입니다.

첫 번째 차원의 만족은 감각적 자극에 의존하기 때문에 그 성질상 사라지기 쉽고 일시적입니다. 그 즐거움은 감각적 자극이 있는 동안에만 유지되며, 그것이 끝나고 나면 우리의 전반적 행복감에 지속적으로 기여하지 않습니다. 예를 들어 많은 사람들은 운동경기를 관람하는 데 상당한 시간을 보냅니다. 그러나 그 경기가 끝나고 나면 무엇이 남을까요? 어떤 장기적 혜택이 있을까요?

감각적 자극에 바탕을 둔 모든 즐거움은 어떤 차원에서는 갈망의 만족으로부터 나옵니다. 만약 우리가 그 갈망의 만족에 사로잡힌다면 이것은 결국 일종의 고통으로 변합니다. 먹는 데서 얻는 즐거움조차 과식을 하게 되면 고통으로 바뀝니다.

그러한 즐거움이 완전히 쓸모없다고 말하고 싶지는 않지만, 그것이 가져오는 만족감은 일시적이며, 지속적으로 유지되는 갈망의 순환고리를 포함한다는 점을 지적하고 싶습니다. 오늘날 내적 가치가 종종 소홀히 여겨지는 물질주의 세상에서는 끊임없이 감각적 자극을 추구하는 습관에 빠져들기가 무척 쉽습니다. 음악을 듣지 않거나 텔레비전을 보지 않거나 전화로 대화를 나누지 않으면 사람들이 지루해하고 안절부절못하며 무엇을 해야 할지 몰라 하는 것을 종종 보게 됩니다. 이것은 그들의 행복이 감각적 차원의 만족에 심하게 의존하고 있음을 나타냅니다.

나머지 하나, 즉 내적 차원의 만족은 어떨까요? 그것은 어디서 나오는 것일까요? 어떻게 하면 그것을 이룰 수 있을까요? 무엇보다도 진정한 행복은 마음의 평화나 일정 수준의 정신적 평온함을 필요로 합니다. 그것이 존재한다면 고난은 그다지 큰 문제가 아닙니다. 내면의 평화에서 나온 힘과 정신적 안정감을 갖고 있다면 우리는 모든 종류의 역경을 이겨낼 수 있습니다.

우리의 행복을 결정할 때 마음이 하는 역할은 쉽게 설명할 수 있습니다. 예를 들어 의학적으로 치료할 수 없는 암이 진전되어 똑같이 불치병으로 진단받은 두 사람을 생각해봅시다. 둘 중 한 명은 이 상황의 불공평함에 강박적으로 집중하면서 그 소식에 분노와 자기 연민으로 반응합니다. 반면 나머지 한 명은 그것을 고요하게 받아들이며 반응합니다. 두 경우 모두 육체적 건강과 고통의 관점에서는 물질적 조건이 똑같습니다. 그러나 첫 번째 사람은 심리적 감정적 고통을 덧보태는 반면, 고요한 마음을 지닌 사람은 삶을 지속하고 기쁨을 가져오는 것들을 계속 경험할 준비를 더 잘하게 됩니다. 가족이나 특정한 대의명분에 대한 헌신, 혹은 독서가 그것입니다. 이 두 사람의 유일한 차이점은 마음 상태입니다.

내면의 회복력이 있으면 극단적으로 짜증이 나는 상황에서도 일정 수준의 행복을 유지할 수 있습니다. 그리고 이 내면의 힘이 없다면 감각적 만족이 아무리 크더라도 우리는 결코 행복할 수 없습니다.

그러나 마음의 평화가 고난과 괴로움에 대한 우리의 첫 번째 방어책이라면, 진정한 행복과 기쁨의 수준에 크게 기여하는 중요한 다른 요소도 있습니다. 최근의 과학 연구는 이것 중 으뜸가는 것이 편협한 이기심을 초월한 목적의식, 그리고 한 공동체에 대한 소속감이나 다른 사람과의 연결감이라고 말합니다. 이 두 가지의 근원은 자비, 즉 따뜻한 마음이라고 생각합니다. 이제 그것에 대해 이야기하겠습니다.

4
자비, 행복을 만들다

다른 모든 포유류처럼 우리 인간은 어머니에게서 태어나고, 태어난 뒤 일정 기간 동안 어머니나 우리를 보살피는 다른 어른의 관심에 전적으로 의지합니다. 우리는 아홉 달 동안 어머니의 자궁에서 키워지고, 태어나는 순간부터 완전히 무기력해집니다. 서거나 걷는 것은 고사하고 앉을 수도 기어 다닐 수도 없으며, 다른 사람의 보살핌과 주의 없이는 살아남을 수 없습니다. 이렇게 절대적으로 취약한 상태에서 갓 태어난 아기인 우리는 첫 번째 행동으로 어머니의 젖가슴을 빱니다. 그리고 어머니의 젖으로 양육되고 힘을 얻습니다. 사실 인간은 어렸을 때 타인에게 의존하는 기간이 특히 깁니다. 이것은 가장 악랄한 범죄자까지 포함한 우리 모두에게 해당됩니다. 사랑으로 가득한 다른 사람의 보살핌이 없었다면 우리 중 어느 누구도 며칠 이상 살 수 없었을 것입니다. 우리는 초기 발달 과정에서 이토록 다른 사람을 절실히 필요로 하기 때문에 애정을 향한 우리의 성향은 생물학적 특성의 일부입니다.

이것은 우리가 여러 다른 포유류, 조류와도 공유하는 특징입니다. 이 모든 생명체들은 초기의 생존이 다른 존재에게서 받는 보살핌에 달려 있습니다. 이 동물들은 분명 어떤 종류의 연결감이나 유대감을 경험합니다. 반드시 애정이라고 부를 수는 없더라도 일종의 친밀감을 갖고 있습니다. 반면 우리는 알을 낳고 내버려둔 채 다시는 자식을 쳐다보지 않는 거북이나 나비와는 다릅니다. 이 동물들에게는 양육기간이 없고, 따라서 그것들이 애정을 인식할 수 있는지 의문스럽습니다. 최근 영국 옥스퍼드 대학교에서 강연을 하면서 나는 반농담조로 청중 속에 있는 과학자들에게 이것에 대해 연구를 해보라고 제안했습니다. 예를 들면 '양육기간을 필요로 하지 않는 그 동물들은 자신의 부모를 알아볼 수 있는가?' 같은 것을요. 어쨌든 나는 그것에 대해 의구심을 갖습니다. 하지만 관찰해보고 싶은 무척 흥미로운 대상입니다.

그러나 양육기간이 긴 인간에게는 다른 사람이 주는 배려와 애정의 역할이 생존과 행복에 결정적입니다. 최근의 의학 연구에서는 초기 유아기에 갖는 어머니나 자신을 돌보는 사람과의 신체 접촉이 뇌의 물리적 성장에 중요한 요소임이 드러났습니다. 그리고 현대 심리학에서는 갓난아기나 어린아이일 때 받는 보살핌이 우리의 감정과 심리 발달에 지대한 영향이 있음이 확인되었습니다. 또한 이 연구는 어렸을 때 애정결핍이었던 사람이 훗날의 삶에서 더 깊은 불안감을 느끼기 쉬움을 보여줍니다.

 몇 해 전 알게 된 어느 프로그램은 남미의 한 문제 지역에 있는 고아원의 양육의 질을 개선하는 데 힘쓰고 있습니다. 그 프로그램의 개선 기준은 상당한 과학적 심리학적 연구의 결실이지만, 그것들은 매우 단순하기도 해서 사실은 상식의 문제입니다. 왜냐하면 모두 우리의 정신적 육체적 발달에 미치는 인간의 따뜻함과 애정의 결정적 역할을 반영하기 때문입니다. 예를 들어 아이들을 서로가 좀 더 가깝게 지낼 수 있는 더 작은 방에 재우고, 소규모 집단으로 나눈 뒤 각 집단을 보살피는 사람을 배정해 아이들이 자연스러운 가족관계 같은 것을 발달시킬 기회를 갖게 하는 것이었습니다. 아기들의 경우, 아기를 보살피는 사람이 신체 접촉을 많이 하고, 기저귀를 갈거나 다른 일을 할 때 말을 걸고 눈을 마주치게 했습니다. 이 방법들은 비록 단순하기는 하지만 일생 동안 지속되는 효과를 가질 수 있습니다.

 어린 시절에는 우리가 다른 사람에게 의존한다는 사실이 매우 분명하지만 그것은 거기서 끝나지 않습니다. 삶에서 어려움에 직면할 때마다 우리는 도움을 받기 위해 다른 사람에게 의지합니다. 예를 들어 아플 때는 의사에게 갑니다. 우리 삶을 통틀어 몸의 건강조차도 간단한 인간적 애정과 따뜻함의 혜택을 받습니다. 회복 그 자체는 단지 올바른 의학적 치료를 받거나 혈액

속에 알맞은 화학물질을 집어넣는 것만의 문제가 아닙니다. 그것은 우리가 받는 인간적 보살핌에도 크게 의존합니다.

나는 이 점을, 최근 쓸개를 제거하기 위해 인도의 수도 뉴델리에서 수술했을 때 절실히 깨달았습니다. 그것은 간단한 수술이었지만, 몇 가지 복잡한 문제가 생겨 20분으로 예정된 수술이 네 시간이나 걸렸고, 회복하느라 며칠을 병원에서 보내야만 했습니다. 다행히도 그곳 의사들과 간호사들은 매우 친절했고 나를 따뜻하게 대해주었습니다. 나는 무척 즐거워하며 웃었던 기억도 납니다. 내가 빨리 회복한 것은 그들이 도와준 덕분에 만들어진 인간적 따뜻함과 행복한 환경의 도움이 컸다고 믿어 의심치 않습니다.

삶의 끝자락에 다다랐을 때도 우리는 다른 사람의 따뜻함과 친절에 크게 의존합니다. 불화와 원한으로 가득한 환경에서 무관심과 적대감에 둘러싸이기보다는 평화롭고 행복한 환경에서 사랑과 애정으로 둘러싸인 채 이 세상과 작별한다면 얼마나 좋을까요? 순수하게 이성적인 관점에서 보면, 죽음에 다다랐을 때 다른 사람이 우리를 어떻게 생각하는가는 중요하지 않을 수 있습니다. 세상을 떠나고 나면 그들의 태도가 우리에게 영향을 미치지 않기 때문입니다. 그러나 사실 우리는 그것에 많은 신경을 씁니다. 죽음을 맞이한 시점에 다른 사람의 선한 의지는 우리에게 매우 중요합니다. 이것은 단순한 인간 본성의 실제입니다.

물론 인간만 다른 사람의 따뜻함과 애정에 이렇게 의존하는 것은 아닙니다. 과학 연구에서는 양육을 필요로 하는 다양한 포유류에 대해서도 비슷한 결론을 내렸습니다. 최근 원숭이의 행동에 대한 몇몇 과학자의 연구 결과 발표를 들은 적이 있습니다. 어미와 함께 산 어린 원숭이들은 태어나자마자 어미에게서 떼어진 원숭이들보다 대체로 장난기가 더 많으며 싸움을 덜 일으킨다는 사실을 알게 되었습니다. 어미에게서 떼어진 적이 있는 원숭이들은 공격적인 행동을 나타냈습니다. 이것은 그 원숭이들이 감정적으로 동요하기 쉽고 내면의 안정감이 부족함을 나타냅니다. 또 다른 연구는 쥐의 초기 신체 발달에서 털을 쓰다듬는 행위가 어떤 역할을 하는지 보여줍니다. 불안감을 느끼도록 특별히 양육된 쥐조차도 누군가 자신을 핥으면 긍정적인 태도로 반응했습니다. 그 쥐들의 불안한 행동은 그러한 관심의 영향으로 점차 진정되었습니다. 과학자들은 이 불운한 동물의 뇌에서 물리적 변화를 추적할 수도 있었습니다. 이것은 털을 쓰다듬는 행위가 사실은 뇌 속에서 마음을 위로하는 화학물질을 분비시키고 몸속 스트레스 호르몬 수준을 낮춘다는 사실을 보여줍니다.

  이 모든 것을 통해서 나는 우리의 행복이 전적으로 수동적이라거나 다른 사람이 우리를 대하는 방식에 의존한다고 말하고 싶지는 않습니다. 우리가 받는 따뜻함과 애정보다 훨씬 중요한 것은 우리가 주는 따뜻함과 애정입니다. 우리가 진정한 행복의 조건을 얻게 되는 것은 따뜻함과 애정을 주는 것을 통해서, 다른 사람에 대한 진심 어린 배려를 통해서입니다. 바꿔 말하면 자비심을 통해서입니다. 이런 이유로, 사랑하는 것이 사랑받는 것보다 훨씬 중요합니다.

많은 사람들은 자비가 종교 수행이라고 잘못 생각합니다. 그렇지 않습니다. 자비가 모든 주요 종교 전통에서 도덕적 가르침의 중심이 되는 것은 사실입니다. 그러나 자비 자체는 종교적 가치가 아닙니다. 앞에서도 말했듯이, 많은 동물이 자비를 인식할 수 있고 분명 포유류는 그런 능력을 가지고 있습니다.

많은 사람들은 다른 사람에게 자비를 베푸는 것이 타인을 위해서만 좋고 자기 자신을 위해서는 그렇지 않다고 생각하기도 합니다. 이것 역시 맞는 말이 아닙니다. 우리의 친절함이 다른 사람에게 혜택을 가져다줄 것인지 아닌지는 아주 많은 요소에 달려 있습니다. 그중 일부는 우리가 조절할 수 있는 범위 밖에 있습니다. 그러나 다른 사람에게 혜택을 주는 것에 성공하든 그렇지 않든 자비의 혜택을 첫 번째로 받는 사람은 언제나 자기 자신입니다. 자비, 즉 따뜻한 마음이 우리 안에서 일어나 우리의 초점을 자신만의 비좁은 이기심에서 다른 곳으로 돌리게 할 때, 그것은 마치 내면의 문을 여는 것과도 같습니다. 자비는 두려움을 줄이고 자신감을 불러일으키며 내면의 힘을 가져다줍니다. 불신을 줄임으로써 다른 사람에게 마음의 문을 열게 하고, 타인과의 연결감, 삶의 목적과 의미를 느낄 수 있게 합니다. 자비는 또한 우리 자신의 어려움에서 잠시 눈을 돌리게 합니다.

얼마 전 인도의 중요한 불교 순례지 부다가야를 방문하는 동안 나는 심한 바이러스성 위장병에 걸렸습니다. 고통이 극심했기 때문에 그곳에서 계획했던 여러 법회를 어쩔 수 없이 모두 취소할 수밖에 없었습니다. 법회에 참석하기 위해 여행 온 수천 명의 사람들을 실망시키게 되어 무척 미안했습니다. 그들 중 상당수는 먼 곳에서 온 이들이었습니다. 그러나 나는 급히 병원으로 가야만 했고, 그것은 인도 시골의 가장 가난한 지역 중 일부를 차로 통과해서 가는 것을 의미했습니다.

배의 통증은 극심했습니다. 울퉁불퉁한 길바닥 때문에 차가 덜컹거릴 때마다 그 고통은 나를 위협하여 완전히 압도했습니다. 나는 차창 밖으로 널리 퍼진 빈곤의 광경을 보았습니다. 제대로 먹지 못한 아이들이 벌거벗은 채 먼지 속을 뛰어다니고 있었습니다. 그러다 나는 길가 오두막에 누워 있는 어느 노인을 힐끗 보게 되었습니다. 그는 혼자였으며 돌봐줄 사람이 아무도 없는 것 같았습니다. 차가 계속 그 길을 지나가는 동안 나는 가난과 인간 고통의 비극에 대한 생각을 멈출 수 없었습니다. 나중에야 깨닫게 되었습니다. 내 생각이 나의 고통으로부터 다른 사람의 고난에 대한 사색으로 옮겨 갔기 때문에 나 자신의 고통이 진정되었다는 것을.

다른 사람에 대한 우리의 염려가 우리 자신의 행복에 기여한다는 관찰은 과학 연구로도 뒷받침됩니다. 사랑, 친절, 신뢰 등이 심리적으로 이점이 있을 뿐 아니라 건강에도 주목할 만한 혜택을 가져온다는 과학적 증거가 이제 점점 더 많아지고 있습니다. 사랑과 자비를 일부러 키우는 것이 심지어 우리 유전자 자체에도 영향을 줄 수 있다는 최근의 연구에 대해 나는 알고 있습니다. 사랑과 자비가 텔로미어(염색체의 말단 부분. 세포가 분열될수록 길이가 짧아지며 노화와 수명을 결정함)로 알려진 유전자 일부분에 미치는 효과가 관찰되었습니다. 의학적으로 텔로미어는 노화 과정과 관련 있습니다.

불안과 분노, 원한 같은 부정적 감정들은 병이나 감염과 싸울 능력을 약화시킨다는 사실도 알려졌습니다. 한 과학자 친구는 최근 내게 이 같은 지속적이고 부정적 감정이 실제로 우리의 면역체계를 조금씩 갉아먹는다고 말했습니다.

몇 해 전 뉴욕의 한 회의에 참석한 적이 있습니다. 거기서 의학자들은 다음과 같은 사실을 말했습니다. '나' '나를' '내 것' 같은 일인칭 대명사를 지나치리만큼 자주 쓰는 사람은 그렇지 않은 사람보다 심장마비에 걸릴 확률이 훨씬 높다는 것입니다. 그 당시 아무런 설명도 없었지만 이것이 시사하는 바는 매우 분명하다고 생각했습니다. 일인칭 대명사를 자주 쓴다는 것은 아마도 자기 자신에게 초점을 맞추는 수준이 매우 높음을 나타낼 것입니다. 그런 사람들은 자기중심주의에 뒤따라오는 스트레스와 불안에 훨씬 취약합니다. 그리고 스트레스와 불안이 심장에 나쁘다는 사실은 잘 알려져 있습니다. 그렇기는 해도 자기 자신을 자주 지칭하는 사람들은 적어도 솔직한 사람들입니다. 나는 이것이 자기중심적이지만 자비로운 척하는 것보다는 더 낫다고 생각합니다!

정신적 감정적 상태와 행복과 건강의 관계는 떼려야 뗄 수 없다는 것은 우리 몸의 구성 그 자체가 우리를 긍정적 감정 쪽으로 인도한다는 사실을 알려줍니다. 내가 종종 말하듯 사랑과 애정에 대한 선호는 우리의 혈액세포 바로 그 안에 만들어져 있는 것 같습니다.

그러므로 자기 자신의 이익을 좇는 것이 본래 잘못된 것은 아닙니다. 오히려 그렇게 하는 것은 행복을 찾고 고통을 피하려는 우리의 근본 성향을 자연스럽게 표현하는 것입니다. 사실 우리가 다른 사람의 친절과 사랑을 고마워하는 자연적 능력을 가진 것은 우리 자신의 욕구를 보살피기 때문입니다. 이기적이 되려는 이러한 본능은 우리가 지나치게 자기 자신에게 초점을 맞출 때만 부정적으로 변합니다. 이런 일이 일어나면 시야가 좁아지면서, 상황을 좀 더 넓은 맥락에서 볼 수 있는 능력이 약화됩니다. 그리고 그렇게 좁은 시야 속에서는 작은 문제조차 엄청난 좌절감을 만들 수 있고 견딜 수 없는 것처럼 보입니다. 그 상태에서 실로 중요한 도전이 생기면, 모든 희망을 잃고 자포자기하고 외로워하며 자기 연민에 의해 소모될 위험이 있습니다.

중요한 것은 우리 자신의 이기심을 좇을 때 '어리석게 이기적'이 되어서는 안 되고 '지혜롭게 이기적'이 되어야 한다는 점입니다. 어리석게 이기적이 된다는 것은 좁게 근시안적으로 우리 자신의 이익을 추구하는 것을 의미합니다. 지혜롭게 이기적이 된다는 것은 좀 더 넓은 관점을 택하며 장기적으로 우리 자신의 개인적 이익이 모든 사람의 행복에 달려 있다는 사실을 깨닫는 것입니다. 지혜롭게 이기적이라는 것은 자비롭다는 뜻입니다.

그러므로 다른 사람을 배려할 수 있는 인간의 능력은 사소한 것도 아니며 당연시할 수 있는 것도 아닙니다. 오히려 그것은 소중히 여겨야 합니다. 자비는 인간 본성의 경이로움이고 소중한 내적 자원이며 우리 사회의 행복과 조화의 토대입니다. 그러므로 우리 자신의 행복을 추구한다면 우리는 자비를 실천해야만 합니다. 그리고 다른 사람의 행복을 추구한다면 그때도 자비를 실천해야만 합니다!

내게 처음 자비를 가르쳐준 사람은 어머니였습니다. 어머니는 글을 모르는, 소박한 농부의 아내였지만 나는 어머니보다 자비의 정신으로 깊이 채워진 사람의 예를 찾을 수 없습니다. 어머니를 만난 사람은 누구나 어머니의 온화함과 따뜻한 마음씨에 감동받았습니다. 이것은 나의 아버지의 경우와는 대조적입니다. 아버지는 꽤나 다혈질이셨고, 어린 우리에게 종종 매를 들기까지 하셨습니다. 어머니의 아들로서, 나는 운이 좋게도 어머니의 애정을 특히나 많이 받을 수 있었습니다. 내가 좀 더 자비로운 사람이 되는 데는 이것이 도움이 되었다고 확신합니다.

그러나 어린아이였을 때 나는 때때로 어머니의 친절함을 악용하곤 했습니다. 어머니가 나를 업으면 나는 두 손으로 어머니의 귀를 붙잡곤 했습니다. 어머니를 오른쪽으로 가게 만들고 싶으면 어머니의 오른쪽 귀를 잡아당겼고, 왼쪽으로 가게 하고 싶으면 왼쪽 귀를 잡아당기곤 했습니다. 어쩌다 어머니가 잘못된 길에 들어서기라도 하면 나는 야단법석을 떨었습니다. 물론 어머니는 내 신호를 이해하지 못하는 체하셨고, 짜증도 내지 않으며 나의 시끄러운 소동을 참으셨습니다. 사실 나는 어머니가 누구에게 화내는 모습을 단 한 번도 본 기억이 없습니다. 어머니는 당신의 아이들에게뿐 아니라 만나는 모든 이에게 놀라울 만큼 친절한 사람이었습니다.

아이에 대한 이러한 어머니의 사랑이 대개 생물학적이라는 데는 의심의 여지가 없습니다. 모성은 매우 강력하며, 어머니가 아이를 돌볼 때 자기 자신의 육체적 불편함과 피로를 느끼지 못하고 넘어가게 도와줍니다. 이러한 자기희생은 어머니의 교육 수준이나 도덕적 이해 수준 등과는 아무 관련이 없으며, 무척 자연스러운 것입니다.

얼마 전 일본에서 미국으로 가는 밤 비행기 안에서 갓난아이에 대한 어머니의 사랑의 힘을 목격한 것이 기억납니다. 비행기 안 내 좌석 바로 옆줄에는 젊은 부부가 두 명의 어린아이와 함께 앉아 있었습니다. 큰아이는 너덧 살쯤 된 것 같았고, 작은아이는 두 살쯤 되어 보이는 아직 아기였습니다. 흥분감과 에너지로 가득한 큰아이는 비행기가 이륙하자마자 이리저리 뛰어다니기 시작했습니다. 아이 아버지는 아이 뒤를 계속 쫓아다니면서 아이를 제자리에 데려다 놓았습니다. 그러다 내가 아이에게 사탕을 주자 아이는 말없이 사탕을 가져간 뒤 계속해서 기내를 휘젓고 다녔습니다. 그러던 중 작은아이가 울기 시작했고, 아이의 부모는 차례로 아이를 안고 달래면서 복도를 왔다갔다 했습니다. 마침내 큰아이는 지쳤는지 자리에 앉아 잠들었지만 둘째 아이는 계속 안절부절못하며 울음을 그치지 않았습니다. 처음에는 아버지가 둘째 아이 돌보는 것을 도왔지만 결국 그도 자리에 앉아 잠이 들었습니다. 다음 날 아침, 나는 아이 어머니의 눈이 붉게 충혈된 것을 발견했습니다. 어머니는 잠을 자지 않고 둘째 아이를 보살피느라 밤을 꼬박 새운 것입니다. 그러나 그 어머니에게서 원한이나 억울함은 전혀 찾아볼 수 없었습니다. 그녀는 여전히 커다란 애정을 가지고 헌신적으로 자신의 아이들을 돌보고 있었습니다. 나로서는 그런 참을성을 도저히 상상할 수가 없습니다!

우리 모두가 가지는 도덕적 영적 가치의 근원인 자비에 대해 이야기할 때 내가 의미하는 것은 이런 종류의 무조건적 사랑의 태도입니다. 갓난아이에 대한 어머니의 사랑처럼 말입니다. 그리고 성모마리아와 갓난아기 예수에 대한 기독교 상징에 잘 나타나 있는 것도 이러한 사랑입니다. 이것은 매우 강력합니다.

일반적으로 나는 두 가지 차원의 자비를 구분합니다. 첫 번째 것은 지금까지 설명한 생물학적 차원이며, 갓난아이에 대한 어머니의 사랑을 예로 들 수 있습니다. 두 번째 것은 거기에서 확대된 차원이며, 의도적으로 키워야 하는 것입니다.

갓난아이에 대한 어머니의 사랑처럼, 생물학적 차원의 자비는 무조건적일 수 있지만 그 범위가 제한적이고 한편으로 치우칠 수 있습니다. 그럼에도 그것은 매우 중요합니다. 왜냐하면 치우침 없는 자비가 자라날 수 있는 씨앗이기 때문입니다. 우리는 우리의 지능과 신념을 이용해서, 따뜻한 마음을 가질 수 있는 타고난 능력을 발휘할 수 있고 그것을 확대할 수 있습니다.

일반적으로 말해서 우리는 우리에게 가장 가까운 사람들에게 관심을 갖고 그것을 언어, 지역, 종교를 공유하는 좀 더 넓은 공동체로 확장하려는 성향이 강합니다. 이것은 매우 자연스럽고 매우 강력할 수 있습니다. 한 가지 대의명분에 대한 헌신이나 특정 집단에 대한 친밀감이 강한 동기가 될 때 사람들은 위대한 일을 할 수 있습니다. 그러한 느낌은 사람들을 한데 아우르고, 편협한 이기심을 초월하도록 도울 수 있습니다. 이런 점에서 그 감정들은 이롭습니다. 그러나 불행히도 그 친밀감 뒤에는 그것이 가족, 공동체, 국가, 언어, 종교에 바탕을 두든 아니든 상관없이 종종 '우리'와 '그들' 사이에 차별을 키우는 일이 뒤따릅니다. 문제는 우리가 우리 자신을 이 집단이나 저 집단의 관점에서만 바라본다면 인간으로서의 더 넓은 정체성을 잊기 쉽다는 점입니다.

치우친 감정의 핵심 요소는 '집착'이라고 부르는 것입니다. 한번은 아르헨티나에서 열린 학회에서 내 친구 프란시스코 바렐라의 스승이 내게 이렇게 말했습니다. 과학자로서 자기의 연구 분야에 너무 집착하면 안 된다고 말입니다. 왜냐하면 증거를 객관적으로 평가할 수 있는 자신의 능력을 왜곡할 수 있기 때문입니다. 그 말을 듣자마자 나는 이것이 종교의 영역에도 적용되어야 함을 깨달았습니다. 예를 들어 불교도인 나는 불교에 대한 과도한 집착을 키우지 않도록 노력해야 합니다. 왜냐하면 다른 종교 전통의 가치를 알아볼 수 있는 나의 능력을 가로막기 때문입니다.

더구나 집착의 요소가 존재할 때는, 다른 사람에 대한 우리의 애정과 배려는 종종 다른 사람이 우리와 어떤 관계에 있는가에 의존하게 됩니다. 우리는 우리를 보살피고 잘 대해주는 사람에게 관심을 가집니다. 그러나 그 애정이 우리가 타인에게 투영하는 우리 자신의 기대와 목적의 성취에만 달려 있다면 언제나 매우 쉽게 사라질 것입니다. 다른 사람이 우리 기대를 만족시키는 한 모든 것은 괜찮습니다. 그러나 그렇지 않게 되면 그 즉시 우리의 애정은 쉽사리 원한으로 변하고, 심지어 증오로까지 바뀝니다.

이와 반대로, 그 범위가 확대된 보편적 자비는 자신과 관련된 요소에 전혀 뿌리를 두지 않습니다. 그것보다는 자기 자신처럼 다른 모든 사람도 행복을 갈망하고 고통을 피하려는 인간이라는 단순한 자각에 근거를 둡니다. 이런 종류의 자비심을 갖고 있으면 다른 사람을 배려하려는 우리의 감정이 완전히 안정적이 되며, 그들이 우리를 대하는 태도에 영향을 받지 않습니다. 다른 사람이 협박하거나 욕을 하더라도 그들에 대한 우리의 자비, 그들의 행복에 대한 우리의 배려는 그대로 유지됩니다. 그러므로 진정한 자비는 사람들의 행동이 아닌 그 사람들 자체를 향해 있습니다.

원한과 분노, 적대감은 우리에게 아무런 혜택도 주지 않습니다. 그러므로 무조건적이고 치우침 없는 진정한 자비를 모든 타인을 대하는 우리 태도의 바탕으로 삼는 것은 분명 우리 자신에게 이익이 됩니다. 그리고 그렇게 하는 것은 확실히 우리에게 혜택을 줄 것입니다.

내가 요청하는 것은 이러저러한 단체나 정체성과 관련된 제한적이고 편파적인 친밀감을 넘어서서 인간 가족 전체에 대한 친밀감을 키우는 것입니다. '우리'와 '그들'이라는 태도는 종종 갈등을 낳을 수 있고, 심지어 전쟁까지 불러올 수 있습니다. 훨씬 더 훌륭하고 훨씬 더 현실적인 것은 '우리'라는 태도입니다.

어떤 사람에게는 보편적 자비라는 이 개념이 너무 이상적이고 어쩌면 종교적으로까지 들릴 수 있습니다. 너무 이상적이라는 지적에 대해 나는 다르게 생각합니다. 의무교육이라는 개념처럼 지금 우리가 당연시 여기는 많은 것이 과거에는 너무 이상적으로 들렸지만 지금은 전적으로 실용적이고 참으로 필요한 것처럼 여겨집니다. 보편적 자비의 개념이 종교적이라는 의견에 대해서도 나는 동의하지 않습니다. 분명 어떤 사람들의 이타심과 타인에 대한 봉사는 신에 대한 섬김처럼 종교적 헌신에 뿌리를 두고 있습니다. 그러나 동시에 오늘날 이 세상에는 인류 전체에게 관심을 두지만 종교를 갖고 있지 않은 수많은 사람도 존재합니다. 다르푸르(아프리카 수단의 서쪽 지역. 2003년부터 아프리카계 반군과 아랍계 이슬람 세력 간의 무력분쟁이 계속되고 있음)나 아이티(카리브해에 있는 흑인 공화국. 2010년에 큰 지진이 발생하여 많은 피해를 입었음) 혹은 갈등이나 자연재해가 일어난 곳이라면 어디든 찾아가 자원봉사하는 구호단체 사람들이나 의사들을 생각해볼 수 있습니다. 이들 가운데 일부는 신앙을 갖고 있겠지만 많은 사람들은 그렇지 않습니다. 그들의 관심은 특정 집단이 아닌 단순히 인간에 대한 것입니다. 그들을 움직이게 하는 원동력은 진정한 자비입니다. 즉 다른 사람의 고통을 줄이려는 결심입니다.

그러므로 보편적 자비가 순수하게 현세적인 체제 속에서 지속될 수 있다는 데는 의문의 여지가 없습니다. 감정에 대한 과학 연구의 선구자이며 내 오랜 친구인 폴 에크먼(미국의 심리학자. 감정과 얼굴 표정의 상관관계를 연구함) 교수는 내게 이런 말을 한 적이 있습니다. 현대 진화론의 아버지인 찰스 다윈조차 "모든 생명체에 대한 사랑이 인간의 가장 고귀한 특징이다"라고 믿었다고요.

 2004년 12월, 아시아에서 쓰나미가 발생했을 때 세계가 보여준 반응을 나는 아주 분명히 기억하고 있습니다. 그 재해가 일어난 뒤 대중의 관심이 집중적으로 쏟아진 것은 인류가 한 가족으로서 단합된 모습을 확실히 보여준 예입니다. 그리고 이것은 드물게 일어나는 일이 아닙니다. 좀 더 최근에 일어난 비극적 사건들에도 그것과 비슷한 세계적 관심과 걱정스러운 반응이 뒤따랐습니다. 새로운 소식이 전 세계적으로 매우 빠르게 전파되는 이 시대에, 멀리 있는 이들에 대한 우리의 관심과 공동체 의식은 엄청나게 커졌습니다. 20세기 초기에는 민족주의 감정이 무척 강했고 전체 인류에 대한 인식은 매우 약했습니다. 그 시절에는 다른 지역이나 다른 나라에서 일어나는 일을 사람들이 잘 알지 못했습니다. 그러나 지금은 빠른 속도로 뉴스를 전달하는 전 세계적인 매체 덕분에 우리는 세계 곳곳에 있는 사람들 사이의 상호연결성을 더 깊이 인식하고 있습니다. 이것과 더불어 인류 전체에 대한 사람들의 관심과 기본 인권 가치에 대한 인식 또한 깊어지고 있는 것 같습니다. 이러한 경향 때문에 나는 미래에 대해 매우 낙관하고 있습니다.

 동시대를 살아가는 인류에 대해 이러한 관심을 갖는 것은 우리에게 어떤 종류의 특별한 사람이나 성인이 될 것을 요구하는 것이 아닙니다. 그 반대로 이런 보편적 자비는 우리 각자의 능력 속에 있습니다. 나치 독재 시절, 몇몇 독일인들은 목숨을 잃을지도 모를 심각한 위협을 무릅쓰면서까지 유대인을 보호하고 살려주었습니다. 왜 그렇게 했느냐는 질문을 받았을 때 그들 대부분은 그렇게 해야 할 것 같은 생각이 들었기 때문이며, 자신과 같은 상황이라면 누구라도 똑같은 행동을 했을 것이라고 대답했습니다. 그런데 그들은 당신과 나처럼 그저 평범한 사람들입니다. 인간에 대한 배려인 자비를 가진다면 모든 사람이 영웅과 비슷한 행동을 할 수 있습니다.

어떤 독자들은 보편적 자비라는 개념에 여전히 거부감을 느낄 것입니다. 다른 사람이 가진 그런 관점을 존중하면서도, 자기 스스로가 그것을 채택한다면 '세상의 문제'를 떠안게 될 것이라 생각하고, 자신의 삶에 보태지는 이 모든 고통에 마음 쓸 여유가 없다고 생각할 수도 있습니다. 좁은 의미에서 보면, 다른 사람을 보살피는 것에는 우리 자신의 고통이 아닌 타인의 고통 나누기가 포함됨은 사실입니다. 그러나 다른 사람의 고통을 나누는 데서 나오는 불편함은 우리 자신의 고통을 직접 경험하는 것과는 차원이 매우 다릅니다. 고통 속에 있는 어떤 사람과 공감할 때 처음에는 약간의 정신적 불편함을 경험할지 모릅니다. 그러나 그 사람의 어려움에 자신의 마음을 열겠다고 자발적으로 선택하는 것은 용기를 드러내 보이게 하고, 용기는 자신감을 가져옵니다. 반대로, 그 고통이 당신 자신의 것이라면 당신에게는 그런 자유나 선택권이 없습니다. 그 차이는 분명합니다.

게다가 자비는 공감으로부터 생겨나지만 이 두 가지는 똑같지 않습니다. 공감은 일종의 감정적 공명으로 특징지어집니다. 다른 사람과 함께 느끼는 것입니다. 반면 자비는 다른 사람과 경험을 공유하는 것뿐 아니라 그들의 고통이 덜어지기를 보고 싶어 하는 것입니다. 자비로워지는 것은 순전히 감정의 차원에 머무르는 것을 의미하지 않습니다. 이것은 상당히 지치게 만들 수 있습니다. 어쨌든 자비로운 의사가 환자의 고통을 나누는 데만 늘 사로잡혀 있다면 그다지 효과가 없을 것입니다. 자비는 다른 사람의 어려움을 덜기 위해 무엇인가를 '하고' 싶어 하는 것을 의미합니다. 그리고 도움을 주려는 이러한 열망은 우리 자신을 괴로움 쪽으로 더 끌고 가지는 않으며 실제로는 목적의식과 방향 감각, 에너지를 가져다줍니다. 우리가 이러한 동기를 바탕으로 '행동'할 때 우리와 우리 주변 사람들은 더 많은 혜택을 받습니다.

그러나 보편적 자비는 자기 자신의 관심 범위를 점차 확대하여 마침내 인류 전체를 아우르게 됩니다. 따라서 이것을 끊임없이 키워야만 합니다. 그 필요성과 가치를 확신하고 우리의 지성을 이용하여 우리의 관심을 처음에는 가까운 가족에게로, 그다음에는 적을 포함하여 우리와 접촉하게 된 모든 사람에게로, 그리고 나서는 인간 가족 전체와 심지어 모든 존재에게로 넓히고 확대하는 법을 서서히 배우게 됩니다.

종교를 가진 이들은 자비를 키우기 위한 풍부한 자원을 갖고 있습니다. 그리고 종교적 접근 또한 인류 전체를 위한 훌륭한 자원이 될 수 있습니다. 그러나 자비를 키우는 데 종교가 필수는 아닙니다. 사실 자비심을 키우기 위한 세속적인 수련 기법은 이미 사용되고 있으며, 그 효과는 과학적으로도 증명되었습니다. 내적 가치를 발달시키는 것은 운동과 무척 비슷합니다. 우리 능력을 더 많이 훈련시킬수록 그것들은 더욱 강해집니다. 내 오랜 친구인 리처드 데이비드슨(미국 위스콘신 대학교의 심리학과 교수. 30년 이상 명상과 뇌기능의 관계에 대해 연구함) 교수가 수행한 신경과학 연구에서는 다음과 같은 사실이 증명되었습니다. 예를 들어 2주에 불과한 단기 자비 수련조차 뇌의 패턴에 주목할 만한 변화를 가져올 뿐 아니라 더 많은 자선행위를 하려는 성향으로 인도할 수 있다는 점입니다.

그러한 연구가 학교에서 자비 수련을 도입하기 위한 길을 닦을 수 있기를 희망합니다. 그럴 만한 가치가 충분히 있을 것입니다. 현대 교육은 물질적 가치를 중요한 전제로 하고 있습니다. 그러나 내가 종종 지적하듯이 아이들의 머리를 교육할 때 마음 교육을 간과해서는 안 된다는 사실은 매우 중요합니다. 아이들의 마음을 교육할 때 핵심 요소는 자비로운 본성을 키우는 것이어야만 합니다. 이 주제에 대해서는 나중에 다시 다루겠습니다.

5
자비로운 정의

자비란 무엇인가

최근 여러 차례, 현세적 도덕이라는 개념에 공감하는 의식 있는 사람들이 나의 의견에 반대의 뜻을 표시했습니다. 나는 자비가 그러한 현세적 체계의 토대가 될 수 있으리라고 말했습니다. 많은 사람들에게는 용서를 의미하는 자비의 원리와 잘못한 이의 처벌을 요구하는 정의의 실현 사이에 충돌이 있는 듯합니다. 그들이 보기에는 도덕에 인도주의적으로 접근할 때 자비의 원리보다는 정의나 공평의 원리가 그 근거가 되어야 하는 것 같습니다. 자비와 용서를 우선시한다면 나쁜 짓을 저지른 자를 처벌하지 않고 놓아두는 것이며 악한 짓을 한 자에게 승리를 넘겨주는 셈이라고 그들은 주장합니다. 자비의 윤리는 희생의 윤리에 불과하며, 그 윤리 아래에서는 부당한 공격이 언제나 승리하고 잘못을 저지른 자가 항상 용서받으며 약자는 무방비 상태라고 말합니다.

내 생각에 이러한 반대 의견은 자비의 실천에 수반되어야 하는 것을 사람들이 근본적으로 잘못 이해한 데서 나오는 것 같습니다. 다른 사람의 고통이 덜어지기를 바라는 자비의 원리는 타인의 악행에 굴복하는 것을 포함하지 않습니다. 자비는 부당함을 순순히 받아들이라고 요구하지도 않습니다. 허약함이나 수동적 태도를 장려하기보다는 위대한 용기와 강인한 기질을 요구합니다.

마하트마 간디, 마더 테레사, 넬슨 만델라(흑인인권운동을 하다가 반역죄로 체포되어 27년 동안 복역. 석방 후 남아프리카공화국 최초의 흑인 대통령이 되었고 1993년 노벨평화상 수상), 마틴 루서 킹 목사(미국의 목사이자 흑인인권운동가. 비폭력 사상으로 인권운동과 반전운동을 벌였다. 1964년 노벨평화상을 받았으나 4년 뒤 극우파 백인에게 암살당함), 바츨라프 하벨(체코의 반체제 극작가로 민주화에 기여했으며 체코의 대통령을 지냄) 등 부당함에 맞서 싸운 근래의 위대한 몇몇 이들처럼 강인한 기질과 의지를 지닌 사람들은 보편적 자비가 동기가 되어 행동했습니다. 타인의 행복을 위해 전념한 것을 비폭력에 대한 헌신과 결부시켰다는 이유만으로 그들을 온순하다거나 나서기 싫어한다고 표현할 수는 없습니다.

앞에서 말했듯이 자비는 결코 잘못된 행동이나 부당함에 직면하여 항복하는 것을 의미하지 않습니다. 남아프리카공화국에서 일어난 인종분리정책의 경우처럼 부당한 상황이 강력한 대응을 필요로 할 때 자비는 부당함을 받아들이기를 요구하는 것이 아니라 거기에 반대하는 태도를 취할 것을 요구합니다. 자비는 그 태도가 비폭력적이어야 함을 의미합니다. 그러나 비폭력은 허약함의 표시가 아니며 오히려 자신감과 용기의 표시입니다. 일반적으로 사람들은 싸우는 동안 주장의 근거가 다 떨어졌을 때 버럭 화를 내고 소리 지르며 심지어 폭력에까지 의존합니다. 하지만 논쟁 당사자가 진실이 자기편이라고 자신 있게 믿는다면 종종 조용히 있으면서 자신의 주장을 계속합니다. 그러므로 침착하게 비폭력적 태도를 유지하는 것은 사실상 강인함의 표시입니다. 진실과 정의가 자기편에 있다는 데서 나오는 자신감을 보여주기 때문입니다.

잘못을 저지른 자에 대한 자비로운 배려를 계속하면서 부당함에 반대할 필요성에 대해서는 개인 차원의 예를 들어 설명할 수 있습니다. 거듭해서 당신을 향해 공격적으로 행동하는, 대하기 어려운 이웃이 있다고 상상해보십시오. 적절하고 자비로운 반응은 무엇일까요? 내가 이해한 바로는 자비 때문에, 물론 공격적인 사람에 대한 자비까지 포함해서, 당신이 단호하게 대응하지 못할 이유는 없습니다. 상황에 따라서는, 강한 수단으로 대응하지 않음으로써 그 공격자가 파괴적 행동을 계속하게 내버려둔다면 그들이 계속해서 가하는 피해에 심지어 당신도 일부는 책임이 있을 수 있습니다. 더욱이 그 행동에 아무런 반대도 하지 않는다면 실제로는 그 불행한 사람들을 부추긴 결과가 되어 그들이 훨씬 더 파괴적인 행동으로 옮겨 가게 될 개연성이 높습니다. 이것은 다른 사람에게 훨씬 큰 피해를 가져오고 결국 가해자 자신에게도 피해를 줍니다. 사람의 마음을 변화시키는 단 한 가지 방법은 분노나 미움이 아닌 배려를 통해서입니다. 물리적 혹은 폭력적 수단은 다른 사람의 육체적 행동만을 제지할 수 있으며, 결코 그 사람의 마음까지 제지할 수는 없습니다.

남부 티베트에는 자신의 친구에게 이런 말을 했다는 사람에 대한 이야기가 있습니다.

"어떤 사람이 나를 한 대 쳤다네. 나는 조용히 있었지. 그가 나를 두 대 쳤다네. 나는 조용히 있었지. 그가 나를 세 대 쳤다네. 나는 계속해서 조용히 있었지. 그가 나를 계속 쳤다네. 하지만 나는 계속해서 조용히 있었다네."

이것은 자비가 아닙니다. 이것은 굴욕적인 복종이며 올바른 방식이 아닙니다. 부당함 앞에 요구되는 것은 강한 자비입니다!

그러므로 자비와 정의를 제대로 이해했다면 이들의 실현 사이에 충돌은 없습니다. 그러나 이렇게 말할 때, 일반적인 정의의 원리와 좀 더 좁은 범위의 정의의 원리를 구분하는 것이 중요합니다. 일반적인 정의의 원리는 인간 평등에 대한 인식을 바탕에 둔 공정성과 잘못 바로잡기라는 보편적 행동수칙이며, 좁은 범위의 정의의 원리는 주어진 법체계 안에서의 법 시행입니다. 이상적으로는 정의에 대한 이 두 가지 이해는 언제나 서로의 내용을 반영해야 하지만, 불행히도 때로는 그렇지 않습니다. 인종분리주의를 통치 원칙으로 삼았던 남아프리카공화국을 생각해보면, 사법제도가 인간 평등이라는 보편 원리를 무시하고 특정 사회집단의 이익을 보호할 수 있음이 분명해집니다. 그 시절 백인이 아닌 사람은 소수 지배층의 이익을 침해한다는 이유로 사소한 일로도 처벌받을 수 있었습니다. 인도에서도 식민통치 시절에는 비슷한 상황이 곳곳에서 발생했고, 특정 소수자들과 특정 집단이 다른 이들로부터 억압받는 지구상의 다른 지역에서도 이런 일이 계속되고 있습니다. 분명 그러한 법체계는 매우 제한적인 정의의 관념을 나타냅니다.

어느 종교단체나 정치집단의 권리가 다른 집단에 의해 제한되는 상황도 존재합니다. 한 나라의 법체계가 국민화합과 사회질서를 국가의 최우선 과제로 떠받들고 그 가치를 약화시키는 것처럼 보이는 모든 행동을 범죄로 여긴다면 그 법체계는 진정한 정의를 실현하지 못할 것입니다. 미얀마의 아웅산 수치(미얀마의 정치가였던 아웅산 장군의 딸로, 군사정권에 대항하여 민주화운동을 함) 여사가 선거에서 승리한 뒤 오랫동안 감금되었던 것이 그 예입니다. 노벨평화상을 받은 류샤오보(중국에서 인권 신장을 위해 비폭력투쟁을 함. 2010년 노벨평화상 수상)가 최근에 체포된 것도 또 다른 예입니다. 사람들이 그러한 잘못된 정의 구현을 비난할 때, 국가는 모든 것을 법률에 따라 시행했다고 말하며 스스로를 옹호합니다. 그러나 법률이 좁디좁은 이익에 매여 있을 때 그것은 인간 평등에 바탕을 둔 공평의 원리인 근본적 정의 개념을 유지하지 못합니다. 법률이 진정으로 정의를 유지하기 위해서는 보편적 인권을 보호해야만 합니다.

진정한 처벌이란

물론 우리 대부분은 정의를 인간으로서의 근본적인 평등에 바탕을 둔 보편적 공평의 원리라고 생각합니다. 그것이 신 앞에서의 평등이든, 행복을 추구하고 고통을 피하려는 기본적인 갈망의 관점에서의 평등이든, 법 앞에서 시민으로서의 평등이든 상관없습니다. 그러나 범죄와 처벌 문제에서는 실제적인 정의 실현에 대한 의견 일치가 어려운 것 같습니다. 예를 들어 사람들은 사형제도나 처벌의 목적 같은 주제에 대해 의견을 달리합니다. 어떤 사람들은 몇몇 범죄가 너무도 악랄하고 너무도 나쁘기 때문에 그 범죄를 저지른 자에게 자비를 베풀면 안 된다고 생각합니다.

잘못을 저지르는 것에 관한 한, 모든 주요 종교들은 바로잡음에 대한 관념 혹은 이번 생이나 내생에서 균형을 되찾는 것에 대한 관념을 몇 가지 가지고 있습니다. 유신론적 종교에는 신의 심판이 있을 것이라는 생각이 존재합니다. 전통 불교 가르침에 따르면 카르마의 법칙으로 인해 각 개인이 결국에는 자기 행동의 결실을 반드시 경험하게 됩니다. 이 두 가지 믿음으로 인해 세속적 인간사에 자비가 나타나게 됩니다.

현세적 관점에서 본다면 심판과 내생에서의 보답에 대한 믿음이 없더라도 진정한 처벌이 무엇인지에 대해 우리 자신에게 질문을 던져야만 합니다. 그것은 응징과 복수인가요? 즉 잘못을 저지른 자를 결국 고통받게 만드는 것이 그 자체의 목적인가요? 아니면 더 많은 잘못을 막기 위한 것인가요? 내가 보기에 처벌의 목적은 고통을 가하는 것 그것이 아닙니다. 처벌에 의해 생긴 고통은 그보다 더 고귀한 목적을 가지고 있어야만 합니다. 다시 말해 잘못을 저지른 자가 그 범죄를 반복하지 않게 만들고, 다른 사람들이 비슷한 행동을 하지 못하게 하는 것입니다. 그러므로 처벌은 응징을 위한 것이 아니라 제지를 위한 것입니다.

물론 법원은 잘못을 저지른 자를 자신의 권한으로 처벌할 수단을 가지고 있어야만 합니다. 살인이나 폭행처럼 끔찍한 범죄를 처벌하지 않고 놓아둔다면 인간의 가장 악랄한 잠재성이 어느 정도 받아들여지고, 이것은 그 범죄를 저지른 사람 자신을 포함해 어느 누구의 이익에도 도움이 되지 않을 것입니다. 처벌은 인간사를 규제하는 데 필연적으로 중요한 구실을 합니다. 사람들을 제지하는 구실도 하고, 법률에 대한 신뢰와 안도감을 주는 구실도 합니다.

그러나 만약 처벌이 제지의 목적만 가진다면 사소한 잘못조차 그 행동을 가장 효과적으로 제지하려면 엄하게 처벌받아야 한다고 주장할 수 있습니다. 이것은 낮은 범죄율을 확보하기 위한 방법일 수는 있지만 내가 받아들일 수 있는 접근법은 아닙니다. 사소한 잘못 때문에 사람을 엄하게 처벌하는 것은 올바르지 않습니다. 그 대신 비례의 원칙에 대한 개념이 존재할 필요가 있습니다. 범죄가 잔인할수록 처벌도 엄격해야 한다는 개념입니다.

  그러나 이것은 "잘못 바로잡기의 한계는 어디까지인가?"라는 물음을 불러옵니다. 여기서는 모든 인간이 변화의 가능성을 갖고 있음을 깨닫는 것이 매우 중요합니다. 이 이유 때문에 사형 개념을 받아들일 수 없다고 생각합니다. 여러 해 동안 내가 국제사면위원회의 사형제도 폐지운동을 지지한 이유가 바로 그것입니다. 내 관점은 너그러움의 문제가 아닙니다. 응징하려고 다른 인간을 죽이는 행동은 그 사람이 어떤 짓을 저질렀든 옳지 않습니다. 왜냐하면 그 사람이 변화할 수 있는 가능성을 미리 없애기 때문입니다. 한 사회가 그러한 가능성을 유지하는 것이 훨씬 지혜롭다고 나는 생각합니다.

  예를 들어 '폭행에 공격적으로 반응하기' 같은 폭력적 응징은 인간 본능에 매우 깊이 뿌리박힌 것임을 이제 알게 되었습니다. 이런 점에서 우리는 공격을 받으면 죽음까지 몰고 갈 듯 싸우는 다른 동물들과 다르지 않습니다. 그러나 복수는 우리의 기억 능력과 관련된 인간만의 특징인 것 같습니다. 원시 인간 사회에서는 생존을 위해 복수가 필요했을 테지만, 사회가 발전하면서 사람들은 복수의 부정적 결과와 용서의 가치를 깨닫게 되었습니다. 이것이 바로 문명화된다는 것의 진정한 의미라고 생각합니다.

그러므로 복수를 계속해나가면서 우리의 폭력 본능을 충족하려는 것은 잘못된 판단이고, 어느 누구에게도 최선의 이익이 되지 않습니다. 왜냐하면 복수가 보장하는 단 한 가지 결과는 그것이 더 많은 갈등의 씨앗을 뿌릴 것이라는 사실이기 때문입니다. 복수는 원한을 불러일으키고, 그것과 더불어 폭력과 보복의 순환은 점점 더 빨라질 위험성이 있습니다. 이것은 보복의 원리 자체를 버릴 때만 끊어집니다. 복수에 빠지면 두려움과 더 많은 원한, 증오의 분위기가 만들어집니다. 반면 용서가 있는 곳에는 평화의 가능성이 있습니다. 그러므로 내가 이해한 바로는 정의 실현에서 복수가 차지할 자리는 없습니다. 그 생각은 시대에 뒤떨어진 것입니다. 왜냐하면 복수는 사회를 약화시키는 반면, 용서는 사회에 힘을 가져다주기 때문입니다.

인종분리체제가 해체된 뒤 남아프리카공화국에서 일어난 일들이 이것을 잘 보여줍니다. 넬슨 만델라 대통령의 지혜로운 지도 아래 아프리카민족회의(남아프리카공화국의 흑인해방운동 조직)는 관대한 태도를 보였고, 백인 소수집단에 복수하는 사건이 거의 발생하지 않도록 주의했습니다. 만약 지도자들이 과거를 곱씹기로 결정하고 원한의 분위기를 만들었다면 상황이 매우 비극적이었을 것입니다. 그 대신 정부는 진실화해위원회를 만들었고, 나의 오랜 친구이자 영적 동료인 데스몬드 투투 대주교(남아프리카공화국 성공회 대주교. 인종차별정책 반대운동을 한 인권운동가로, 1984년 노벨평화상 수상)가 그 위원회를 이끌었습니다. 그의 도덕적 모범을 본받아 위원회는 다음과 같은 원리에 따라 운영되었습니다. 심각한 잘못이나 잔혹행위에 대해 책임을 져야 하는 사람들이 진실을 밝히는 것은 그 범죄를 저지른 자들과 희생자 모두에게 치유의 효과와 더불어 그들을 자유롭게 하는 효과가 있다는 원리입니다.

이제 위원회가 임무를 마친 지도 10년이 넘었지만 그 과정이 많은 사람들에게, 희생자와 가해자 모두에게 마음의 평화를 가져오고, 아픔의 종지부를 찍었음은 의문의 여지가 없습니다. 남아프리카공화국이 인종분리주의자들로부터 자유를 얻고 난 직후 나는 영광스럽게도 만델라 대통령을 만날 기회가 있었습니다. 그가 지닌 품위도 감동스러웠지만, 자신의 오랜 수감생활을 책임져야 하는 사람들에게 전혀 원한을 가지지 않은 점이 큰 감동을 주었습니다.

정의 실현이 자비의 원리와 일치하지 않기는커녕 오히려 정의 실현을 위해서는 자비로운 접근법을 알고 있어야 한다는 점에 대해 내 마음속에는 조금도 의심의 여지가 없습니다. 스코틀랜드 법무부 장관이 자신이 내린 힘든 결정에 대해 설명하던 때를 늘 기억하고 있습니다. 그는 스코틀랜드 로커비 마을에서 일어난 비행기 폭탄 테러로 실형을 선고받은 남자를 석방하기로 결정했습니다. 그는 자기 나라에서는 사람들이 "정의를 원하고, 그 정의가 자비와 연민에 의해 완화되기를 바란다"라고 말했습니다. 그의 결정이 몇몇 희생자 가족 사이에서 큰 논란과 분노를 불러일으킨 것을 알고 있습니다. 그럼에도 불구하고 그 장관의 말은 그 자체로 매우 옳습니다. 정의에 관한 한 자비와 연민이 무시되어서는 안 됩니다.

정의 실현의 토대인 자비의 원리에 대한 중요 핵심은 그것이 '행위'가 아닌 '행위자'를 향해야 한다는 점입니다. 자비는 잘못된 행동을 비난하면서 필요한 모든 수단을 동원해 그것에 반대하기를 요구하는 동시에, 그 행위를 저지른 자에게 친절한 태도를 유지하고 그 사람을 용서할 것을 요구합니다. 유신론적 종교에 "신은 죄를 저지르지 못하게 하지만 죄인은 여전히 사랑한다"라는 말이 있는 것처럼 우리 역시 잘못된 것에 강하게 반대하는 한편, 잘못을 저지른 이를 배려하는 마음을 유지해야 합니다. 그렇게 하는 것이 옳습니다. 거듭 말하지만 모든 인간은 변화할 수 있기 때문입니다. 우리 모두는 이것을 경험으로 알고 있습니다. 어렸을 때는 무모한 삶을 산 사람들이 성숙해지고 경험을 얻으면서 훗날 책임감 있고 남을 배려하는 사람이 되는 것은 흔한 일입니다. 인류 역사에서도 어린 시절의 삶은 도덕적으로 비난받을 만했지만 후일 타인에게 큰 이익을 준 개인의 예가 많습니다. 그 예로 아소카 왕이나 사도 바울(기독교를 박해하던 사람이었으나 기독교 교리를 접한 뒤 전도 여행을 통해 선교에 앞장섬), 그 밖에 수많은 사람을 생각할 수 있습니다.

이처럼 변화할 수 있는 가능성은 가장 끔찍한 짓을 저지른 사람의 경우도 마찬가지입니다. 인도와 미국에서 교도소 관련 사회사업을 하는 사람들이나 재소자 대표자들과 여러 해에 걸쳐 나눈 대화에서 나는 이 믿음을 확인하고서 고무되었습니다. 통계수치가 보여주듯 많은 나라에서 대다수의 재소자가 훗날 재수감되는 사실은 커다란 비극입니다. 몇몇 나라는 이제 재건 프로그램을 도입했습니다. 이것은 마음 수련을 통해 세상에 대한 오해를 점차 변화시키고 타인의 행복에 해를 입히기보다는 그것에 기여하는 법을 배울 수 있도록 재소자를 안내합니다. 예를 들어 경비가 삼엄한 인도 뉴델리의 티하르 교도소에서 키란 베디(인도의 여성 경찰국장으로, 수감자들에게 명상 교육을 도입하여 그들을 감화시킴)가 도입한 자주성 프로그램에서는 재소자가 마음챙김 명상 수업을 받을 수 있습니다. 나는 시간이 흐르면서 이 프로그램이 효과를 나타낼 것이라고 낙관합니다. 심지어 가장 자포자기했던 수감자조차 타인에 대한 배려를 통해 삶에 대한 목적의식을 기르는 데 도움을 받을 것입니다. 그런 프로그램을 운영하는 사람들과 그것의 긍정적 효과를 경험한 재소자들을 만날 때면 나는 늘 겸허해집니다.

요약하자면, 이렇게 말하고 싶습니다.

범죄자조차 당신과 같은 인간이며 변화할 수 있음을 기억하라. 잘못의 정도에 비례하여 그 잘못을 저지른 자를 처벌하라. 그러나 복수하려는 욕망에 빠지지는 마라. 그보다는 미래에 대해 생각하고, 어떻게 하면 그 범죄가 되풀이되지 않게 할 것인지 생각하라.

얼마 전 나는 스위스 취리히의 학회에 참석했는데, 경제체제에서의 자비와 이타심이 그 주제였습니다. 그 학회에서 오스트리아 출신의 경제학자 에른스트 페르(취리히 대학교 경제학 교수. 인간 협력과 사회성, 공평성, 제한된 합리성에 대한 연구를 함)는 '이타적 처벌'이라고 이름 붙인 흥미로운 개념을 소개했습니다.

그는 이 개념을 신뢰의 게임을 이용해서 설명했습니다. 그 게임은 참가자 열 명이 몇 단계에 걸쳐 진행하는 것입니다. 참가자들은 똑같은 금액의 돈을 나누어 받았고 그중 일부를 집단 기금에 기부하도록 요청받았습니다. 실험 주관자는 매 단계마다 참가자들의 기부금 총액을 두 배로 만든 뒤 그들에게 똑같이 다시 분배하겠다고 설명했습니다.

실험 초기에는 대부분의 참가자들이 매우 관대했고, 다른 이들도 똑같이 하리라는 믿음으로 집단 기금에 많은 금액을 기부했습니다. 이것은 인간 본성이 직관적으로 지닌 낙관적 측면을 나타내는 것이라 생각합니다. 그러나 필연적으로 돈을 가지고 있으면서 전혀 기부하지 않는 몇몇 사람이 생겼습니다. 기초적인 금전 계산 측면에서 그들은 자신에게 가장 많은 이익을 주는 행위는 자기 돈은 전혀 쓰지 않으면서 주어지는 배분금을 계속 유지하는 것이라고 생각했습니다. 내가 이해하기로는 그런 사람들을 경제학 용어로 '무임승차자'라고 부릅니다. 무임승차자의 행동으로 인해 다른 참가자들은 이용당한다고 느끼기 시작했고, 집단 기금에 점점 더 적은 돈을 기부하게 되어 마침내 통상 10단계 정도가 되면 전체 체계가 무너지게 됩니다. 이 단계에서는 아무도 기부를 하려 하지 않았습니다. 기부한 금액 전부를 두 배로 만들어주겠다는 실험 주관자의 제안이 여전히 유효한데도 말입니다.

이 시점에서 주관자는 참가자들에게 '이타적 처벌' 개념을 소개합니다. 이 메커니즘에 따라 참가자들은 무임승차자를 처벌할 수 있습니다. 되돌려 받지 못할 돈을 처벌상자에 기부함으로써 무임승차자로 하여금 그 돈의 두 배를 내게 할 수 있었습니다. 예를 들어 처벌에 3달러를 씀으로써 무임승차자에게 6달러를 내게 하는 것입니다. 이 제도가 도입되자 참가자들 사이에 거의 무제한적으로 협력이 유지될 수 있음이 밝혀졌습니다. 무임승차자가 되려던 사람들은 타인을 이용하려는 행동을 저지당했고, 그 결과 참가자들이 집단 기금에 계속 기부하여 모든 사람이 혜택을 받게 되었습니다.

이 실험은 경제학 이론을 시험하는 것이 주목적이었지만 나는 그것이 보편적으로 적용할 수 있는 메시지도 담고 있다고 생각합니다. 이것은 잘못을 저지른 자를 포함해서 모든 이에게 이익을 주는 방식으로 처벌을 가할 수 있음을 보여줍니다. 복수를 하지는 않지만 잘못을 저지른 이를 바로잡는 처벌이 모든 사람에게 이익이 될 수 있음을 보여줍니다.

용서는 자비로운 태도의 필요 덕목입니다. 그러나 쉽사리 잘못 이해되는 덕목이기도 합니다. 용서한다는 것은 잊는다는 뜻이 아닙니다. 어쨌든 이미 행해진 잘못을 잊는다면 용서할 것이 남아 있지 않을 것입니다! 그 대신 내가 말하고자 하는 것은 잘못된 행위를 다루는 방법을 찾아야 한다는 점입니다. 우리에게 마음의 평화를 가져다주는 동시에, 복수하려는 욕망 같은 파괴적 충동에 무릎 꿇지 않도록 하는 방법을. 이렇게 할 수 있는 방법에 대해서는 나중에 좀 더 자세히 설명하겠지만, 우리에게 요구되는 덕목 중 하나는 이미 일어난 일을 일어난 일로 받아들이는 것입니다. 개인 차원에서든 사회 전체 차원에서든 과거라는 것은 우리의 통제 범위에서 벗어난 것임을 인정하는 것이 중요합니다. 그러나 과거의 잘못에 대해 우리가 '반응'하는 방식은 그렇지 않습니다.

앞에서 말했듯이 행위와 행위자를 잘 구분하는 것이 필수적입니다. 때로 이것이 어려울 수 있습니다. 우리 자신이나 아주 가까운 사람이 끔찍한 범죄의 희생자라면 그 범죄자에게 증오를 느끼지 않기란 쉽지 않습니다. 그러나 거기에 대한 생각을 잠시 멈추어보면, 끔찍한 행동과 그것을 저지른 자를 구분하는 것은 사실 우리가 우리 자신의 행동과 도덕 위반 행위에 대해 매일같이 하는 일임을 깨닫게 됩니다. 분노와 짜증이 생기는 순간 우리는 사랑하는 사람에게 무례해지거나 타인을 공격적으로 대할 수 있습니다. 나중에 어떤 후회나 회한을 느낄 수는 있지만 우리의 폭발 순간을 되돌아볼 때 '우리가 한 짓'과 '우리 자신이 누구인가'를 구분 못 하진 않습니다. 우리는 자연스레 자신을 용서하고 다시는 똑같은 짓을 저지르지 않겠다고 다짐할 것입니다. 자신을 용서하기는 쉽다는 점을 생각해본다면, 똑같은 호의를 다른 사람에게도 자연스럽게 확대할 수 있습니다! 물론 모든 사람이 자기 자신을 용서할 수 있는 것은 아니며, 이 점은 장애가 될 수 있습니다. 그런 사람에게는 타인에 대한 자비와 용서를 실천할 바탕으로서 자기 자신을 향한 자비와 용서를 연습하는 것이 중요할 것입니다.

또 한 가지 기억할 사실은 타인을 용서하는 것이 자기 자신에게 엄청난 해방효과가 있다는 점입니다. 다른 사람이 당신에게 끼친 피해를 생각하면 당신은 그 생각 때문에 어쩔 수 없이 화내고 원한을 품는 경향이 있습니다. 그러나 고통스러운 기억에 집착하고 앙심을 품는 것은 이미 일어난 잘못을 바로잡는 데 아무런 역할도 하지 못하며 긍정적 효과도 전혀 없습니다. 마음의 평화가 파괴되고, 잠을 방해받으며, 결국 신체 건강마저 해치게 될 것입니다. 반면 잘못을 저지른 이에 대한 적대감을 극복하고 용서할 수 있다면 즉각적이면서도 인식할 수 있는 효과가 자신에게 생깁니다. 과거 행동을 과거로 내버려두고 당신의 관심을 잘못을 저지른 이의 행복으로 돌린다면 엄청난 내적 자신감과 자유를 얻게 될 것입니다. 그러면 부정적 생각과 감정이 점차 흩어지면서 당신은 앞으로 나아갈 수 있습니다.

나의 경우 용서의 힘은 리처드 무어(북아일랜드에서 일어난 신구교 간 분쟁 때문에 어린 시절 시력을 완전히 잃었으나 '칠드런 인 크로스파이어'를 조직하여 전 세계 아이들을 후원하고 있음. 그의 이야기는 달라이 라마의 책 《용서》에 소개된 바 있음)라는 사람의 예에서 두드러질 만큼 분명해집니다. 개인적으로 나는 그를 영웅이라고 생각합니다. 1972년, 고작 열 살 때 리처드 무어는 북아일랜드의 어느 영국인 병사가 쏜 폭동진압용 고무탄 때문에 시력을 완전히 잃었습니다. 이 비극적인 사건은 그 소년을 분노하며 원한을 품은 사람으로 바꾸어놓을 수도 있었습니다. 그러나 리처드 무어는 결코 앙심을 품지 않았고, 긍정적 대의명분에 자신의 삶을 헌신하여 세계 도처에서 폭력에 노출된 아이들을 보호하고 도왔습니다. 그는 자신을 눈멀게 한 남자를 찾아가 그를 이미 용서했다고 말했습니다. 이제 그 두 사람은 친구입니다. 자비와 용서의 힘을 보여주는 참으로 놀라운 사례입니다.

비록 우리 티베트인들은 엄청난 고통을 겪었지만, 인간으로서 우리는 적대감과 복수심에 무릎 꿇지 않으려고 여전히 노력하고 있습니다. 티베트인에 대한 잔학행위에 책임이 있는 중국 공안들에게조차 우리는 자비심을 유지하려고 노력합니다. 때로는 이것이 기대하지 못한 결과를 낳기도 합니다. 그 예로 최근 나는 중국 어느 기병대 장교의 아들을 만났습니다. 그 장교는 1950년대 후반 인민해방군의 일원이었고 티베트인의 처형에 관여했습니다. 이제 노인이 된 그 장교는 자신의 아들을 통해 다음과 같은 메시지를 보내왔습니다. 자신이 저지른 행동을 후회하고 있으며 진심으로 사과한다고. 그 말을 들으니 무척 감동적이었습니다. 그런데 우리 쪽에 증오가 있었다면 이 사건은 증오를 키우는 역할만 했으리라 생각합니다. 부당한 과거 경험에 집착하지 않음으로써, 우리의 중국인 형제자매를 향해 자비를 키우려고 의식적으로 노력함으로써, 우리 티베트인들은 과거에 갇히는 것을 피하고 자유의 느낌을 유지할 수 있습니다. 그렇다고 이것이 우리가 직면한 부당함에 단호하게 반대하지 않음을 의미하진 않습니다.

그러므로 자비보다는 정의가 모든 도덕체계의 중심에 놓여 있어야 한다는 사람들에게 대답하자면, 실제로 정의의 원리와 자비와 용서의 실천 사이에는 충돌이 없다고 말하고 싶습니다. 내가 이해한 바로는 실로 정의의 개념은 그 자체가 자비에 바탕을 두고 있습니다.

결론적으로 도덕의 범위를 간략히 살펴볼 필요가 있습니다. 만약 도덕을 사회질서 유지를 위한 메커니즘으로만 이해한다면, 타인에게 직접적이고 주목할 만한 영향을 주는 인간 행동의 외적인 측면만을 포함할 것입니다. 그리고 만약 우리의 행동이 타인에게 미치는 영향에만, 즉 우리 행동의 '결과'에만 관련된다면, 우리 마음속에 어떤 감정과 의도를 품고 있는지는 도덕과 무관하거나 도덕적인 옳고 그름에 영향을 주지 않을 것입니다. 그러나 나는 이 개념을 받아들일 수 없습니다. 이것은 도덕을 너무나 좁게 이해한 것입니다.

도덕이라는 개념은 동기에 대한 고려 없이는 의미가 없습니다. 나무에 머리를 부딪힌다면 그 나무를 탓할 건가요? 물론 우리는 그러지 않을 것입니다! 도덕적 책임감이라는 개념은 어떠한 내적 동기가 존재함을 전제로 합니다. 그러므로 동기의 차원에 대한 언급 없이 도덕을 설명하는 것은 매우 불완전해 보입니다.

사실 내적 차원의 동기는 도덕의 가장 중요한 측면입니다. 동기가 순수하여 진정으로 다른 사람을 이롭게 하려고 할 때 우리의 행동은 자연스레 도덕적으로 건전한 방향으로 흐를 것이기 때문입니다. 자비를 핵심 원리로 삼아 이를 토대로 일체의 도덕적 접근법을 만들 수 있다고 생각하는 이유는 그 때문입니다. 정의를 포함해서 우리의 모든 도덕 가치와 원리가 생겨나는 토대는 타인의 행복에 대한 자비로운 배려에서부터입니다.

6
분별력이 필요한 이유

지금까지 나는 타인의 행복을 진정으로 걱정하는 마음의 동기인 자비의 중요성에 대해 강조했습니다. 자비는 도덕과 영적 행복의 토대이며 정의를 이해하기 위한 기초이기도 합니다. 인간 존재라는 우리의 공통성과 자신의 행복이 타인에게 달려 있는 존재로서의 생물학적 본성을 깨달음으로써 우리는 마음을 여는 법을 배우게 됩니다. 그렇게 하면서 삶의 목적의식과 주변 사람과의 연결감을 얻습니다. 치우치지 않은 폭넓은 자비심은 인내, 친절, 용서, 자기 수양, 만족 등 모든 긍정적 내면 가치가 나올 수 있는 토대라고도 설명했습니다.

건전하고 자비로운 동기가 도덕과 영성의 토대이기는 하지만 진정으로 보편적이고 균형 잡힌 도덕체계를 얻기 위해서는 또 다른 요소가 중요합니다. 우리의 행동이 도덕적임을 입증하는 데 가장 우선시되는 요소는 의도이지만, 우리에게는 '분별력'도 필요합니다. 우리가 하는 선택이 현실성 있고 우리의 좋은 의도가 헛되지 않도록 보장하기 위해서입니다.

예를 들어 정치인들이 앞으로 일어날 결과를 충분히 고려하지 않은 채 나라를 전쟁으로 이끌었다면, 그들의 동기가 진심으로 자비로웠다 해도 그 결과는 재앙에 가까울 개연성이 높습니다. 그러므로 좋은 의도와 더불어 우리의 중요 능력인 분별력을 사용하는 것이 필요합니다. 분별력을 발휘하면 현실과 조화를 이루면서 상황에 대처하게 되고, 좋은 의도를 좋은 결과로 옮길 수 있습니다.

분별력은 개인 차원에서의 도덕적 자각에도 중요한 역할을 합니다. 지성을 이용하는 것이 우리가 이해에 도달하는 방식이며, 이해는 자각의 토대입니다. 그러므로 도덕적 자각, 다시 말해 우리 자신과 다른 사람 모두에게 이익을 주는 것이 무엇인가를 깨닫는 것은 마법처럼 일어나는 것이 아니며 이성을 사용하여 생기는 것입니다. 이 점에서 도덕적 자각에 대한 교육은 다른 종류의 교육과 다르지 않습니다.

우리의 모든 행동은 어떤 결과를 가져오고, 그것은 어쩔 수 없이 우리 자신과 다른 사람 모두에게 영향을 미칩니다. 나날의 삶에서 우리는 끊임없이 이런 도덕 차원의 사소한 결정을 내려야 하기 때문에 의지할 만한 도덕 법칙이나 지침을 갖고 있는 것은 매우 도움이 됩니다. 어떤 제품을 살 것인지 혹은 어떤 음식을 먹을 것인지 선택하는 것조차 일정한 도덕적 분별이 관여합니다. 그런 결정을 내릴 때 일반적으로 우리는 모든 선택권에 대해 충분히 생각해보거나 각각의 경우마다 일어날 수 있는 모든 결과를 생각해볼 기회를 갖지 못합니다. 사실 직면하는 도덕적 선택을 일일이 숙고한다면 다른 일을 할 시간이 많지 않을 것입니다. 그런 경우 세세하게 일을 처리할 시간이 없다면 내면화된 일반 규칙을 가지고 우리 행동에 방향을 제시하는 것이 유용합니다.

이 세상 주요 종교들은 모두 그러한 지침을 가지고 있고 그 규칙들은 어린 시절부터 우리에게 주입되어 한 개인의 내적 가치 체계의 일부가 됩니다. 예를 들어 전통 티베트 사회의 사람들은 동물에게 해를 입히지 않는다는 불교 원리를 문화적 환경으로부터 배워서 하나의 가치로 삼았습니다. 아이들은 어린 시절부터 심지어 곤충도 죽이지 말라고 배우기 때문에, 살생을 피하려는 이런 행동이 자동적으로 마음속에 배어듭니다. 만약 우연히 곤충을 밟게 되면 '오, 불쌍한 것!'이라는 의미로 "아카, 닝제"라고 말하곤 합니다. 과거 티베트에는 사냥과 어획을 금지하는 법률이 실제로 존재했습니다. 사람들의 생계 수단이 그러한 활동에 달려 있는 몇몇 지역에서는 예외였지만요. 티베트 서부의 마나사로바 호수나 그 밖의 호수 근처에 둥지를 트는 철새에 관한 규정처럼, 야생동물을 보호하는 좀 더 세부적인 법률도 있었습니다. 보수를 받는 관리원들은 철새의 알이 파괴되지 않도록 신경을 썼습니다. 이 규정은 주도적 문화가 사람들의 도덕적 우선순위 형성에 도움을 주는 방식의 예입니다.

그러나 순전히 세속적인 맥락에서 보면, 물론 사람들은 마음에 새겨진 가치를 여전히 갖고 있지만 이것이 언제나 어떤 것들이라고 당연시할 수는 없습니다. 살인, 절도, 거짓말, 중상모략, 성적 착취 같은 몇 가지 행위들은 모두 폭력의 형태이며 당연히 타인에게 해롭습니다. 따라서 대부분의 사람들은 그것을 피할 때의 가치를 본능적으로 느낍니다. 그러나 종교적 도덕 지침이 보편적으로 받아들여지지 않는 세계화된 지구에서는 이것보다 조금 더 나아갈 필요가 있습니다. 우리는 분별력을 이용하여 어떤 행동의 혜택과 어떤 행동의 부정적 결과를 이해할 필요가 있습니다. 이렇게 하면, 나날의 삶에서 우리의 반응에 길을 제시하는 내면화된 가치체계를 발달시킬 수 있습니다.

그러므로 우리 행동 중 어떤 것이 우리 자신과 타인에게 가장 해롭고 어떤 것이 가장 이로운가를 평가할 만한 분별력을 이용해서 우리의 행동을 되돌아보는 것이 필요합니다. 그렇게 하면서 자제할 필요가 있는 행동양식과 발달시킬 필요가 있는 행동양식을 구분하는 법을 서서히 배울 수 있습니다.

예를 들어 폭력의 결과에 대해 생각할 수 있는 분별력을 이용해서 차츰 폭력의 해로움과 무가치함을 분명히 이해하고 확신하게 될 수 있습니다. 마찬가지로 인내나 관용의 결과에 대해 되돌아볼 수 있는 분별력을 이용해서 그것의 긍정적인 효과를 이해할 수 있게 됩니다. 그리고 이렇게 이해한 것을 발달시켜 그것이 우리 자각 속에 깊이 새겨진 일부가 되게 할 수 있습니다. 이런 일이 일어나면 우리의 행동이 자발적으로 타인의 행복을 위한 방향으로 향하고 있음을 알게 될 것입니다. 이런 종류의 마음 훈련은 이 책의 뒷부분에서 다시 설명하게 될 주제입니다.

딜레마에 빠지면

도덕적으로 살아가기 위해서는 그 실천 도구로서 내면화된 가치가 필수적이지만, 불행히도 그러한 일반 원리가 적절하지 않은 예외 상황도 존재합니다. 그 특별한 상황은 우리가 소중히 여기는 원리들 사이에서 한 가지만을 선택하게 만들면서 스스로 모습을 드러낼 것입니다. 이 경우 자비로운 동기를 바탕으로 분별력을 이용하는 것이 중요해집니다. 일어날 수 있는 결과를 평가하고 다양한 행동방침의 장단점을 저울질해봄으로써 어떤 행동방침이 가장 이로운가에 대한 균형 잡힌 결론에 이를 수 있기 때문입니다.

내 경우, 어려운 결정을 하라는 주문을 받게 되면 언제나 나의 동기를 점검하는 것에서부터 시작합니다. 나는 다른 사람의 행복을 진정 마음에 두고 있는가? 나는 분노와 조급함, 적대감처럼 마음을 어지럽히는 감정의 지배를 받고 있지는 않은가? 나의 동기가 건전하다는 결론을 내리게 되면 그제야 그 상황을 맥락 속에서 자세히 살펴봅니다. 이 일이 생기게 된 배후의 원인과 조건이 무엇인가? 내가 할 수 있는 선택은 무엇인가? 거기서 생길 수 있는 결과는 무엇인가? 그리고 모든 것을 감안할 때 어떤 행동방침이 타인을 위해 가장 큰 장기간의 혜택을 만들 가능성이 높은가? 이런 식으로 결정을 내리면 나중에 어떠한 후회도 하지 않는다는 것을 알게 되었습니다.

나는 개인적 가치체계를 내면화하라고 독자들에게 권장하지만, 도덕문제가 순전히 규칙과 계율을 바탕으로 해서 결정될 수 있다고 생각하는 것은 비현실적입니다. 도덕문제는 보통 흑백논리가 아닙니다. 인류의 행복에 대한 관심이 동기가 되었음을 확실하게 확인한 뒤에 우리에게 열린 다양한 길의 장단점을 저울질해야 합니다. 그런 다음 자연스러운 책임감이 우리를 이끌도록 해야 합니다. 본질적으로 이것이 지혜롭다는 의미입니다.

우리가 살아가는 세상을 현실적으로 이해하려면 분별력이 필수입니다. 여기서 우리가 파악해야 하는 핵심 원리는 '상호의존'의 원리입니다. 일반적이지만 심오한 이 원리는 다양한 차원과 다양한 맥락에서 접근할 수 있습니다. 이것은 주의 깊게 고려해볼 가치가 있습니다. 우리는 이미 우리 자신의 행복과 타인의 행복 사이의 상호의존성에 대해 이야기했습니다. 게다가 상호의존성은 이 세상의 특징이며, 이것은 많은 분야에서 분명합니다. 세계 금융이나 경제에서의 상호의존성, 세계화 시대의 인류 자체의 상호의존성을 생각할 수 있습니다. 살아 있는 유기체 사이의 '먹이사슬'이나 '공생' 관점에서 생물학자들이 말하는, 자연세계에서의 상호의존성도 생각해볼 수 있습니다. 도전적인 양자물리학 분야의 '일반 상대성 이론'과 '양자 얽힘'(두 입자가 거리에 관계없이 서로 연결되어 영향을 주고받고 있으므로, 하나의 입자에 어떤 일이 일어나면 즉시 다른 입자에 영향을 미치게 된다는 이론) 관념과 더불어 우주 기원에 대한 이론에조차 상호의존성이 존재합니다. 우리 세상의 그렇게 많은 측면을 상호의존과 관련하여 특징지을 수 있음을 깨닫는 것은 이 세상을 좀 더 현실적으로 이해하는 데 도움을 줄 수 있습니다. 이러한 이해는 실제 존재하고 있는 현실 그대로의 모습과 더 잘 조화를 이룰 수 있습니다.

 삶에서 직면하는 모든 상황은 많은 수의 기여 인자가 모여 생겨납니다. 따라서 우리의 반응이 현실적이려면 폭넓은 관점을 취하는 것이 필수적입니다. 주어진 상황이나 문제를 한 가지 관점에서 바라보는 것으로는 충분하지 않습니다. 우리는 이런 방향과 저런 방향, 모든 측면에서 바라볼 필요가 있습니다. 내가 종종 말하듯 앞과 뒤, 2차원에서 보아야 하고, 오른쪽과 왼쪽, 4차원에서도 보아야 하며, 위와 아래, 6차원에서도 보아야 합니다. 그렇게 하면서 이처럼 더 넓고 전체적인 관점을 취할 때 분명 우리의 반응은 현실과 좀 더 조화를 이룰 것입니다. 이와 더

불어 목적을 달성하게 될 가능성도 높아집니다.

  불행히도 문제가 생기면 사람들은 종종 그것을 너무 좁은 시각에서 보려고 하는 경향이 있습니다. 예를 들어 차에 시동이 걸리지 않는다고 생각해봅시다. 이때 자동차 열쇠를 돌리고 또 돌리면서 좌절감을 느끼고 배터리를 방전시키는 것은 어리석은 일입니다. 잠시 멈추고 이 문제를 일으킨 원인이 무엇인지 생각하는 것이 좀 더 현실적일 것입니다. 연료가 부족해서이거나 궂은 날씨와 관계있을 수 있겠지요? 단순히 뒤로 물러나서 그 상황을 좀 더 넓은 시각에서 바라본다면 그 문제에 훨씬 침착하게 다가갈 수 있습니다. 두말할 필요 없이 이것은 그 문제를 효과적으로 다룰 수 있는 더 좋은 기회도 가져다줄 것입니다.

  거듭 말하지만, 불행이 닥치면 우리는 그것을 하나의 원인으로 인한 결과로만 보려 하고 성급하게 타인을 탓하는 경향이 있습니다. 그러나 이런 종류의 과도한 감정적 반응은 사실 상당히 비현실적입니다. 버스가 늦게 온다고 운전사에게 화를 내서 어떤 혜택을 얻을 수 있겠습니까? 매우 자주 있는 일이지만, 어느 한 사람의 행동은 사건이 펼쳐지는 방식에 아주 작은 역할만 합니다. 차질이 생긴 일에 대해 남을 향해서든 자신을 향해서든 비난하고 탓하면서 반응하는 것은 일반적으로 잘못 판단한 것이며 그 상황을 더 악화시킬 위험성만 높습니다. 사실 우리가 직면하는 모든 사건은 수없이 많은 다양한 원인과 조건의 결과로 일어나며, 그중 상당수는 어느 한 개인이 조절할 수 있는 범위 밖이고, 심지어 그중 일부는 전체 원인이 눈에 보이지 않는 상태로 남아 있을 것입니다.

직업을 잃는 일과 같은 중대한 도전에 직면한다면 불안감 때문에 무기력해지거나, 일어난 사건의 부정적 측면에 사로잡힐 수 있습니다. '이제는 우리 가족을 부양할 수 없을 거야'라거나 '불쌍한 나, 다시는 다른 직업을 얻지 못할 거야'라고 생각하면서요. 이런 태도의 위험성은 눈앞의 곤경에만 너무 좁게 초점을 맞춤으로써 거기에 대해 아무 일도 할 수 없게 된다는 점입니다. 반면 일어난 상황을 좀 더 폭넓은 맥락과 다양한 시각에서 보려는 분별력을 이용하는 것은 해결책을 찾는 데 도움을 줄 것입니다.

물론 아무리 열심히 노력한다 해도 인간의 분별력은 언제나 불완전합니다. 붓다나 신처럼 천리안을 가졌거나 전지전능하지 않은 한, 우리는 전체 그림을 절대 보지 못할 것이며 어떤 상황을 일으킨 원인도 전부 알지는 못합니다. 우리 행동의 모든 결과를 예측할 수도 없습니다. 언제나 일정한 불확실성의 요소가 있게 마련입니다. 이것을 깨닫는 것은 중요하지만 그것 때문에 걱정해서는 안 됩니다. 이성적 판단의 가치를 포기해서는 더욱 안 됩니다. 그 대신 적절히 겸손한 태도로 주의하면서 행동을 단련해야만 합니다. 때로는 해답을 모른다고 시인하는 것 자체가 도움이 될 수 있습니다. 무엇인가를 알지 못한다면, 그릇된 자만심이나 허영심 때문에 확신하는 척하는 것보다는 터놓고 시인하는 편이 훨씬 낫습니다.

　이러한 불확실성은 앞에서 말했듯이 순전히 결과만을 고려하기보다는 동기의 차원에서 도덕을 그 바탕에 두어야 하는 또 다른 이유입니다. 사실 우리 행동의 결과는 종종 우리가 통제할 수 있는 범위 바깥에 있습니다. 우리가 통제할 수 있는 것은 동기의 차원이며 우리의 중요 능력인 분별력을 사용할 경우입니다. 이 두 요소를 결합할 때 우리는 최선을 다하고 있다고 확신할 수 있습니다.

　앞에서 설명한 모든 분별력을 이용하면 우리의 이해가 깊어지고, 그 이해에 대해 명상하면 더 깊고 더 오래 지속되는 자각이 생깁니다. 분별력이 자비로운 동기와 결합할 때 우리는 현세적 맥락에서 도덕과 영적 행복에 다가가는 포괄적 접근법의 두 가지 핵심 요소를 갖게 됩니다. 그리고 이 두 요소인 자비와 분별력은 서로를 강화합니다. 자비는 두려움과 불신을 줄여서 우리 가슴과 마음속에 고요하고 안정된 공간을 만들고, 이 공간은 우리로 하여금 분별력과 지성을 좀 더 쉽게 활용하게 합니다. 마찬가지로, 분별력을 발휘하는 것은 자비의 필요성과 이점에 대한 확신을 강화합니다. 그러므로 이 두 가지는 심오한 방식으로 서로를 보완합니다.

7
우리가 함께하는 세상의 도덕

전 지구적 도전 과제

 내가 살고 있는 다람살라는 북인도의 산간 마을이며 1960년대 초부터 나의 고향입니다. 이곳에서 매일 새벽 3시 반쯤 일어나는 것이 내 오랜 습관입니다. 몇 시간 동안 마음 수련과 명상을 한 뒤 보통 라디오에서 흘러나오는 세계 뉴스를 듣는데, 영국 공영방송BBC의 국제 뉴스를 가장 즐겨 듣습니다. 이것은 세계에서 일어나는 사건들과 계속 접촉하기 위한 방법으로 내가 여러 해 동안 따라온 일상입니다.

 경제와 금융, 위기, 갈등, 전쟁에 대한 일련의 보도를 듣다 보면 우리가 이 세상에서 직면하는 복잡한 문제들, 즉 부정부패와 환경, 정치 문제 등은 거의 언제나 도덕 윤리와 내적 가치가 제 역할을 하지 못했음을 보여주는 예라는 생각이 종종 듭니다. 모든 차원에서 우리는 자신의 수양 부족을 보게 됩니다. 또한 분별력 부재나 근시안적 시야, 편협함 때문에 많은 문제들이 벌어집니다.

물론 특정 문제의 원인과 조건은 상당히 복잡할 수 있습니다. 예를 들어 인종 간 충돌과 반란, 전쟁의 씨앗은 대부분 수십 년 전이나 심지어 수 세기 전까지도 거슬러 올라갑니다. 그럼에도 불구하고 인류 사이의 갈등과 빈곤, 환경 파괴에 대해 이야기하든 그렇지 않든, 만약 우리 문제를 진정으로 근원에서부터 해결하고 싶다면 그것들이 궁극적으로는 도덕문제와 관계있음을 깨달아야만 합니다.

우리가 공유하는 문제들은 하늘에서 떨어진 것이 아니며 어떤 고차원의 힘에 의해 만들어진 것도 아닙니다. 그것들은 대부분 인간의 행동과 실수의 결과물들입니다. 만약 애당초 인간의 행동이 이런 문제를 만들어낼 수 있었다면 분명 우리 인간은 그 해결책을 찾아야 할 책임감뿐 아니라 그럴 만한 능력도 가지고 있어야만 합니다. 그것들을 올바르게 되돌릴 수 있는 단 한 가지 방법이 있다면 우리의 관점과 방식을 바꾸고 행동을 취하는 것입니다.

사람들이 편의상 개인 차원의 도덕과 그보다 더 넓은 사회적 차원의 도덕을 구분하는 것을 종종 봅니다. 내게는 그런 태도가 근본적으로 문제 있어 보입니다. 우리가 사는 세상의 상호의존성을 간과하기 때문입니다.

개인 도덕의 존재나 어쩌면 그것의 부재가 많은 사람의 삶에 영향을 줄 수 있다는 사실은 2008년 시작된 세계 경제위기에서 확실히 증명되었습니다. 전 세계적으로 사람들은 아직도 그 영향을 느끼고 있습니다. 억제되지 않은 소수의 탐욕이 어떻게 수백만 명의 삶에 악영향을 미칠 수 있는지 잘 보여주었습니다. 그러므로 9·11테러 공격에 뒤이어 종교적 극단주의와 편협성의 위험을 심각하게 여기기 시작한 것처럼, 경제위기에 뒤이어서는 탐욕과 부정직함의 위험성을 심각하게 생각해야만 합니다. 탐욕을 받아들일 수 있는 것으로 여기거나 심지어 칭찬할 만한 것으로 여긴다면 우리 전체의 가치체계에 분명 잘못된 점이 있습니다.

이 같은 세계화 시대에 우리 삶이 서로 깊이 연결되어 있고 우리 행동이 전 지구적 차원임을 깨달아야 할 시기가 도래했습니다. 그렇게 한다면 더 큰 인류 공동체에게 최선의 이익이며 우리 자신의 이익에도 최선이 될 것입니다. 반면 오로지 우리 자신의 내면 개발에만 집중하고 더 많은 세상의 문제들을 소홀히 하거나, 그것을 인식했다 하더라도 문제 해결에 무관심하다면 우리는 근본적인 어떤 것을 간과한 것입니다. 무관심은 그 자체로 이기심의 한 가지 형태입니다. 우리가 도덕에 접근하는 방식이 진정으로 의미 있으려면 당연히 세상에 대해 관심을 기울여야만 합니다. 이것이 전 지구적 책임감의 원리이며, 현세적 도덕에 접근하는 내 가르침의 핵심 부분입니다.

지난 두 세기 동안 국방, 의학, 농업 분야에서 이룬 엄청난 과학과 기술 진보와 더불어 이제 인간은 세상에 대한 전례 없는 지식과 힘을 가지게 되었습니다. 그 전에 우리는 이만큼 알았던 적이 없었고 우리 행성의 그토록 많은 측면을 조절할 수 있는 위치에 선 적도 없었습니다. 하지만 이 상황은 심각한 걱정 한 가지를 불러옵니다. 우리의 자연스러운 도덕적 분별력이 따라가기에는 지금 우리의 책임감이 너무 빠르게 커지고 있는 것은 아닐까요? 우리는 과학과 기술이 가져다준 힘을 갖게 될 때 스스로를 신뢰할 수 있을까요? 과거 5백 년 동안 우리 뇌가 눈에 띌 만큼 변하지 않은 반면, 우리 주위의 세상은 엄청나게 많이 변했습니다.

오늘날 전 지구적 도전들에도 불구하고 나는 대체로 낙관적입니다. 여러 차례 되풀이하여 인류는 우리에게 직면한 과제들을 발전시켰습니다. 사냥과 채집의 공동체로부터 기술이 고도화된 도시사회로 진화하는 동안 우리는 많은 전환을 성공적으로 해왔습니다. 이것 자체가 사회적 도덕적 창조물로서 우리가 지닌 회복력과 기지를 확실히 증명하는 것입니다. 사실 우리가 직면했던 모든 전쟁과 재난, 질병에도 불구하고 인간 종족은 살아남았을 뿐 아니라 번성하기도 했습니다. 우리 자신을 파괴하기는 커녕 실제로는 정반대의 문제를 만들어냈습니다. 유례없이 놀라운 속도로 증가하는 인구가 그것입니다.

인간 종으로서 우리의 성공은, 생명 유지에 필수적인 이익이 위협받을 때 '협력'할 수 있는 능력 덕분에 가능했습니다. 그리고 그 협력의 중심에는 다른 사람의 이익과 행복을 고려하는 원리가 놓여 있습니다. 그러므로 우리 인간이 다시 한 번 방법을 찾을 수 있으리라고 나는 확신합니다. 협력을 통해 현재의 생태적 기술적 도전들을 극복할 수 있는 방법을 찾을 수 있다고 말입니다. 그러나 현재 상태에 안주할 만한 여유는 없을 것입니다.

20세기는 그 규모 면에서 전례 없이 인류의 갈등이 증폭된 시대였습니다. 2억 명이 넘는 사람들이 전쟁과 혁명과 종족학살로 사망한 것으로 추산됩니다. 나치의 홀로코스트(유대인 대학살)에서부터 스탈린(구소련의 독재자로 숙청을 통해 2천만 명을 학살함)이나 통치 후기 시절 마오쩌둥(중화인민공화국을 수립한 초대 주석) 같은 폭군들의 대량학살에 이르기까지, 크메르루주(수백만 명을 학살한 캄보디아의 공산주의 정당)의 킬링필드(크메르루주 정권에 의해 수천 명이 학살되어 매장된 곳. 캄보디아 대학살을 뜻함)에서부터 발칸 반도(유럽 남쪽과 지중해 동쪽에 위치한 반도. 세르비아, 크로아티아, 보스니아 등이 위치함)의 인종청소와 르완다(아프리카 중동부에 위치한 나라. 민족 간 갈등으로 수백만 명이 목숨을 잃음)에서의 집단학살에 이르기까지, 인류가 자신에게 가한 고통은 진정으로 참아내기 어렵습니다. 물론 인류 역사의 진보는 언제나 전쟁으로 인해 가로막혔습니다. 인간이 존재하는 한 약간의 갈등은 언제나 있을 수 있다고 생각합니다. 그러나 과거 수백 년 동안의 파괴 규모는 전례 없는 것이었습니다.

평화의 시기에조차 파괴를 향한 인류의 기술이 개발되었고 발전하였으며 쉼 없이 교류되고 있습니다. 오늘날 지구 상에는 이러한 파괴적 무기에 의해 위협받지 않는 곳이 없습니다. 이러한 폭력문제에 접근하고 어떻게 하면 미래 세대를 위해 더 안전한 세상을 만들 수 있을 것인가를 생각할 때, 우리는 정치가들과 그들의 적수에게 자제력을 발휘하라고 호소하는 것 그 이상을 해야만 합니다.

우리와 함께 살아가는 위협들은 군수산업 그 자체와 무기 거래로부터도 기원합니다. 실제로는 폭력문화로부터도 기원하는데, 이것은 종종 언론매체에 의해 유지되며, 폭력이 인간 갈등을 해결하는 실행 가능한 접근법이라는 망상을 부추깁니다. 우리에게 진정으로 필요한 것은 인간 자각의 근본적 변화입니다. 왜냐하면 가장 이례적인 상황을 제외하고는 폭력은 더 많은 폭력을 낳을 뿐이기 때문입니다. 그러므로 우리가 폭력을 통해 평화를 얻을 수 있으리라는 추측은 모두 잘못된 것입니다.

서로 깊이 의존하는 현대 사회에서 전쟁은 시대에 뒤떨어진 것이고 비논리적인 것입니다. 먼 과거, 두 집단의 이익이 완전히 별개였을 때는 마지막 수단으로서 폭력이 어느 정도 정당화

되었을지도 모릅니다. 그러나 오늘날은 그렇지 않습니다. 모든 지역과 모든 사람들은 정치, 경제, 환경적으로 연결되어 있습니다. 한 지역에서 일어나는 전쟁과 탄압, 사회 갈등은 이 세상 다른 지역 사람들에게 어쩔 수 없이 영향을 미칩니다. 테러문제는 극단적인 한 예입니다. 그들에게 파괴하고자 하는 강한 동기가 있다면 그것을 막기 위해서 감시활동이나 보안체제를 활용하는 것으로 충분하지 않습니다.

폭력이 비현실적인 갈등 해결 수단이 되는 또 다른 이유는 예측 불가능한 결과 때문입니다. 최근의 이라크전쟁이 좋은 예입니다. 비록 처음 의도는 제한된 군사작전을 벌이는 것이었을지라도 그 결과는 갈등뿐이었습니다. 오랫동안 지속되었지만 아직도 해결되지 않았으며 수백만 명의 무고한 사람들의 삶을 황폐하게 만들었을 뿐이지요.

남은 21세기 동안 우리는 과거의 실수를 반복하지 않도록 주의해야만 합니다. 이 세상에서 폭력 수위를 줄이는 단 한 가지 방법은 점점 더 많은 사람들이 무장해제하는 것입니다. 실제로 무장해제는 자비입니다. 그러므로 개인적 증오와 편견, 편협성 차원에서의 내적인 무장해제와 더불어 국가와 정부 차원에서의 외적인 무장해제도 필요합니다. 과거 세대로부터 물려받은 상처에 소금을 뿌리기보다는 대화와 협력, 이해에 전념함으로써 분열을 치유하기 시작해야 합니다.

지구의 인구는 계속 늘어가고 있으며 중국, 인도, 브라질 같은 큰 나라들은 경제가 빠르게 성장하면서 앞서나가고 있습니다. 그렇기 때문에, 화석연료뿐 아니라 물, 식량, 토양 등 기본 필수품인 천연자원에 대한 전 세계적 경쟁이 어쩔 수 없이 심화될 것입니다. 그러므로 우리의 젊은 세대들, 우리 미래의 수호자들은 전쟁의 무가치함을 확실히 인식하는 것이 반드시 필요합니다. 우리는 마하트마 간디와 마틴 루서 킹 목사의 위대한 성취로부터 다음과 같은 사실을 배우고 깨달을 수 있습니다. 불공정을 바로잡기 위한 최상의 장기적 접근법은 비폭력이라는 사실입니다. 20세기가 폭력의 세기였다면 21세기는 대화의 세기로 만들어야 하겠습니다.

수십 년 동안 나는 미래의 행복을 위해서는 환경에 대한 자각이 중요함을 강조해왔습니다. 최근 특히 젊은이들 사이에서 그러한 자각이 늘고 있고 정치인들도 이제는 이 문제를 심각하게 여기게 된 것은 매우 고무적입니다.

과거 유럽에서 산업화가 시작되고 그것이 전 세계 다른 지역으로 서서히 퍼질 때만 해도 자연세계의 복잡한 상호관계를 제대로 이해하지 못했습니다. 개발이라는 이름 아래 동물을 사냥하여 멸종시키고 수풀을 베어냈으며 공장과 산업설비로 물길이 오염되었습니다. 그러나 과학이 발전하고 자연세계의 정교한 균형에 대한 이해가 깊어졌기 때문에 이것을 소홀히 하는 것에 대해 더 이상은 변명할 수 없습니다.

오늘날 우리는 과도한 물질생활이 낭비일 뿐 아니라 환경에 상당한 대가를 치러야 하는 수준까지 왔다는 현실을 직면해야 합니다. 개발도상국 사람들이 선진국 사람들과 똑같은 수준의 안락함을 갈망하는 것은 매우 당연합니다. 그러나 세계 인구가 급격히 증가하고 있기 때문에 우리가 '발전된 것'으로 여기는 소비 형태를 바꾸지 않는다면 천연자원에 대한 인류의 갈망은 지속될 수 없습니다. 우리는 그 결과를 이미 확인하고 있습니다. 지나친 개발과 그에 따른 자연환경 파괴는 지역적, 전 지구적 차원에서 환경위기를 만들고 있습니다.

그러므로 그런 빠른 경제성장을 추구하는 나라들이 더 풍족한 나라들에서 보게 되는 발전모델을 맹목적으로 따르지 않는 것이 매우 중요합니다. 그 대신 중국, 인도, 브라질 같은 나라들은 좀 더 지속가능한 새로운 개발방안을 찾는 데 주도적인 역할을 해야만 합니다. 이런 점에서 소액금융(공식적인 금융기관에서 소외된 빈곤층을 위해 만든 금융체계. 가난한 사람들에게 돈을 빌려주어 그들의 자립을 지원하고 빈곤 퇴치에 기여할 수 있음) 경제모델이 상당히 미래지향적이라고 생각합니다. 지역문제와 환경문제에 민감하면서도 유연한 모델입니다.

환경이 제기한 도전들은 지구적 차원에서의 협력을 요구합니다. 기후변화가 분명한 예입니다. 일부 환경운동가들은 티베트를 '제3의 극지방'이라고 부릅니다. 티베트 빙하가 아시아의 날씨체계에 무척 중요하기 때문입니다. 이미 티베트의 빙하가 녹고 있다는 사실이 관찰되었고, 티베트 고원 온도가 인접 저지대보다 엄청나게 빠른 속도로 올라가고 있다는 사실이 보고되었습니다. 아시아의 중요한 많은 강들, 예를 들어 중국 양쯔 강과 황허 강, 동남아시아의 메콩 강, 살윈 강(티베트 서북부에서 시작하여 중국을 거쳐 미얀마와 타이의 국경을 흐르는 강), 브라마푸트라 강(티베트 남서부에서 인도 동북부로 흐르는 강), 인도 인더스 강이 티베트에서 발원합니다. 빙하가 줄어들면 하류의 모든 지역이 가뭄에 더욱 취약해질 것입니다. 삼림 파괴 여파가 더해져 가뭄이 나타날 것이고, 홍수보다도 더 큰 차원에서 이미 피해를 입히고 있습니다. 장기적으로 보면 티베트 빙하가 녹는 것은 중국, 인도, 파키스탄, 동남아시아의 급격한 기후변화와 심각한 물 부족, 사막화의 원인이 될 수 있습니다. 이것은 전 세계에 재앙이 될 것입니다.

각각의 나라들이 자신의 좁은 국가적 이익만을 생각한다는 것은 더 이상 현실적이지 않습니다. 상당히 많은 혜택을 누리는 선진국은 개발도상국과 함께 협력하여 그러한 혜택을 자연스럽게 나누어야 합니다. 하지만 진정한 협력은 강제할 수 있는 것이 아닙니다. 그것은 상호 신뢰와 당사자들 사이의 존중으로부터만 나올 수 있으며, 신뢰는 투명성이 있어야 생깁니다. 안타깝게도 2009년 코펜하겐 정상회의에서 지구환경 협의가 실패로 끝난 것은 당사자들이 자신의 비좁은 이기심을 초월하여 상황을 바라보지 못할 때 협력이 불가능해짐을 보여주는 예입니다.

  오늘날 물질주의 세상에서는 사람들이 돈의 노예가 되는 경향이 있습니다. 마치 자신이 돈을 만들어내는 커다란 기계의 일부인 것처럼 말입니다. 이것은 인간의 존엄성과 자유, 진정한 행복에 아무런 역할도 하지 못합니다. 부는 인류에게 기여해야 하며, 그 반대가 되어서는 안 됩니다. 현재 전 세계적으로 뚜렷해지는 엄청난 빈부격차, 그 어느 때보다도 점점 극심해지고 여전히 늘어가는 격차는 큰 괴로움을 가져옵니다.

  우리가 겪고 있는 세계의 극명한 경제적 불평등은 북방의 선진국들과 남방의 개발도상국 사이에만 존재하는 것이 아니라 각 나라 안에서도 부유한 자와 가난한 자 사이에 존재합니다. 이것은 도덕적으로 옳지 않을 뿐 아니라 전쟁과 종교로 인한 폭력, 대규모 경제 이동으로 생긴 사회 갈등을 비롯해 많은 실제적 문제의 근원이기도 합니다.

  경제적 불평등이라는 주제에 관한 한, 나는 나 자신을 반쯤은 사회주의자라고 생각합니다. 부를 형성하고 그럼으로써 사람들의 물질적 조건을 개선한다는 점에서 자본주의는 의심할 여지 없이 효과적이지만, 자본주의는 어떤 종류의 사회 이상理想으로서는 분명 적절하지 않습니다. 왜냐하면 그것을 지도하는 일체의 도덕 원리 없이 이익에 의해서만 동기가 부여되기 때문입니다.

  정부 개입 없는 자본주의는 약자를 끔찍하게 착취할 수 있습니다. 그러므로 자본주의의 역동성을 존중하면서도 덜 가진 자에 대한 배려를 결합하는 경제정의에 대한 접근법을 취할 필요가 있습니다. 거듭 말하지만 소액금융이 빈곤 증가와 개발이라는 주제에 대해 지속가능하면서 즉시 대응할 수 있는 접근법을 제시할 수 있다고 생각합니다. 이 접근법은 한편으로는 지나친 자본주의를 피할 수 있고, 다른 한편으로는 정부의 과도한 통제로 인한 비효율을 피할 수 있습니다.

얼마 전 매우 부유한 인도인 부부가 뭄바이에서부터 나를 찾아와 축복을 내려달라고 했습니다. 나는 많은 사람들에게 하듯 그들에게 이렇게 말했습니다. 진정한 단 하나의 축복은 그들 자신으로부터 나올 것이라고. 삶에서 축복을 발견하려면 자신의 부를 가난한 이들을 돕는 데 써야만 한다고 이야기했습니다. 어쨌든 뭄바이에는 많은 빈민가가 있고 그곳에서는 깨끗한 물 같은 기본 필수품조차 구하기 어렵습니다. 그래서 그들에게 전했습니다. 자본주의자처럼 돈을 벌었다면 사회주의자처럼 써야만 한다고!

이런 점에서 빌 게이츠와 그의 부인 멀린다 게이츠('빌앤드멀린다 게이츠 재단'을 설립하여 개발도상국의 질병 퇴치에 힘씀)처럼 자선을 베푸는 사람들에게, 그리고 자신들의 자원을 대규모로 지구 공동체와 나누고 있는 점점 늘어나는 사람들에게 나는 깊은 감명을 받습니다. 이것은 멋진 일입니다. 높은 수준의 물질적 성공을 거둔 사람들에게 이러한 고귀한 흐름의 일부가 되어

줄 것을 호소합니다.

　최근 유전공학과 생명공학 같은 분야가 급격히 발전했습니다. 치료와 번식 목적의 복제 분야에서 이제 우리는 창조물과 생명체 창조 그 자체에 대해 유례없는 힘을 얻고 있습니다. 인간 게놈 서열은 의학혁명을 가져오기도 해서 생화학적 치료를 유전자 바탕의 치료모델로 변화시켰다고 들었습니다. 점점 더 많은 과학자들이 유전자를 이용하며 미래를 예측할 수 있게 되었으며, 이로써 한 개인의 건강 추이를 예상할 수도 있습니다.
　이러한 발전은 하기 어려운 선택을 많이 만들어냅니다. 의사와 환자에게뿐 아니라 고용주와 단체에게도 그렇습니다. 어떤 사람들은 이 신기술이 가져다주는 도전을 덮어놓고 비난합니다. 이를테면 모든 유전적 변형은 잘못된 것이라고 말하면서 말입니다. 그러나 이 문제들을 무시하기란 그리 쉽지 않다고 생각합니다. 건전한 동기와 비판적 분별력을 갖고 우리의 새로운 책임 영역을 만나는 것이 중요합니다. 유전공학의 새로운 발전과 관련된 몇 가지 주제에 대해서는 예전 책인 《과학과 불교-한 원자 속의 우주 *The Universe in a Single Atom*》에서 다룬 적이 있습니다.
　이 세상에서 우리가 직면하는 모든 주요한 도전 과제들은 도덕적 자각과 내적 가치를 바탕으로 한 접근법을 필요로 합니다. 미래를 수호하는 것은 법률과 정부 규칙만의 문제가 아닙니다. 그것은 개인의 주도권도 필요로 합니다. 우리는 사고방식을 바꾸고 인식과 현실 사이의 차이를 줄일 필요가 있습니다. 이러한 이유 때문에 도전 과제들을 만족시키기 위해서는 교육이 중요합니다.

현대 교육이 시작되었을 때 종교는 여전히 사회에 영향력을 미치고 있었습니다. 따라서 절제, 겸손, 봉사 같은 덕목을 가르치는 것은 가정교육과 종교단체 활동의 한 부분이었으며 이것은 교육적 맥락에서 대체로 당연시되는 것이었습니다. 그리하여 보편적 현대 교육의 주된 우선순위는 글을 읽고 쓸 줄 아는 능력을 개발하고 기술에 관한 지식을 전달하는 것이었습니다. 그러나 오늘날에는 아이들이 자연스럽게 도덕 교육을 받을 것이라는 추측이 더는 현실적이지 않은 것 같습니다.

이제 종교는 예전 만큼 사회에 미치는 영향력을 행사하진 못합니다. 과거에는 강력한 가족 가치가 종종 종교 신념에 뿌리를 둔 채 영향력 있는 지역사회의 정체성 속에 길러졌지만 이것 역시 물질주의 가치와 경제적 압력에 의해 약화되었습니다. 그 결과 예전에는 당연하게 여겼던 젊은이들이 내적 가치를 배우게 되리라는 생각을 더 이상 할 수 없게 되었습니다. 사람들이 집에서나 종교기관에서 정신적 도덕적 가치를 배울 것이라는 추측을 할 수 없다면 정신적 도덕적 교육 영역에서 학교의 책임이 상당히 증가했음은 분명한 것 같습니다.

그러나 세계화 시대의 다양한 사회에서 이러한 책임을 어떻게 만족시킬 수 있는가는 단순한 문제가 아닙니다. 예를 들어 어떤 학교 아이들이 다양한 종교나 문화 배경을 갖고 있다면 학교는 무엇을 바탕으로 도덕 교육을 해야만 하는 것일까요? 단 하나의 종교 관점을 이용하는 것은 부적절할 것입니다. 이 세상 어떤 곳에서는 종교가 학교 교육과정에서 제외되기까지 합니다. 그렇다면 학교는 어떻게 하면 학생들에게 치우치지 않은 포괄적 도덕 교육을 시킬 수 있을까요?

학교나 대학에서 강연을 할 때마다 도덕과 내적 가치에 더 많은 관심을 기울일 필요성에 대해 나는 매우 긍정적인 답변을 얻습니다. 이것은 교육자들과 학생들 역시 나와 의견을 같이함을 의미합니다. 이제 필요한 것은 불가지론자(사물의 궁극적 실재를 알 수 없다고 믿는 사람들. 유신론과 무신론을 모두 부정함)의 관점과 다양한 종류의 종교 관점을 편견 없이 아우를 수 있는, 진정으로 보편적인 내면 가치를 발달시키는 방법입니다.

2009년 가을, 캐나다에서 나는 이 주제에 대한 흥미로운 대화에 참여했고 퀘벡 전역에서 교육받으러 온 많은 교사들을 만났습니다. 얼마 전까지도 퀘벡은 전통 로마가톨릭교가 주류를 이루는 사회였습니다. 그러나 최근 몇십 년 동안 세상의 많은 다른 곳들과 마찬가지로 점점 세속화되었고, 이민자들이 늘어감에 따라 문화와 종교 역시 다양해졌습니다. 이러한 변화를 반영하기 위해 지역 당국은 학교에서 도덕을 가르치기 위한 새로운 방법을 찾고 있었습니다. 전통적인 종교 접근법에 덜 의존하는 방법을 말입니다.

 강의계획표를 어떻게 만들 것인가, 연령대가 다른 집단을 어떻게 가르칠 것인가 하는 구체적인 물음에 대해서는 내가 제시할 수 있는 것이 거의 없었습니다. 그것은 교육과 발달심리학, 기타 관련 분야 전문가들의 문제이기 때문입니다. 그러나 일반적인 접근법에 대해서는 나의 의견을 사람들과 함께 나눴습니다. 도덕에 현세적으로 접근할 때는 기본 원리가 진정으로 보편적이어야 함이 중요하다는 것이었습니다.

 주의를 기울이며 집중하는 정식 수련을 하고 내적 가치를 발달시킴으로써 많은 사람이 효과를 얻을 수 있다는 의견도 나누었습니다. 이 책의 뒷부분에 그중 일부를 설명한 이유는 이러한 마음에서입니다.

 교육문제에 대해 내가 제안하고자 하는 단 한 가지는 이 점을 기억하라는 것입니다. 도덕적 자각과 내적 가치를 가르칠 때는 정보 제공만으로는 결코 충분하지 않으며 예를 들면서 가르치는 것이 무척 중요합니다. 교사들이 친절함의 가치를 이야기하면서 그 효과를 설명할 때 개인적 모범을 통해 자신이 말하는 것을 보여주지 못한다면 학생들은 그 말이 설득력 있다고 생각하지 않을 것입니다. 반면 교사들이 학생을 진정으로 배려하며 친절함을 몸소 보여준다면 자신의 핵심을 좀 더 효과적으로 전달할 수 있습니다.

 물론 교사들이 아주 부드러워야 한다고 말하려는 것은 아닙니다! 오히려 가장 훌륭한 교사는 종종 매우 엄격합니다. 그러나 엄격함이 효과를 얻기 위해서는 그것이 학생의 행복에 대한 배려를 바탕에 두고 있어야 합니다. 이 말을 하다 보니 이제는 고인이 된 나의 스승, 링 린포체가 생각납니다. 그분은 내게 무척 친절한 분이셨습니다. 겉으로 보기에 그분는 매우 엄격하셨습니다.

내가 젊은 승려 신분으로 티베트에서 공부하고 있을 때는 수업시간에 채찍 두 개를 당신 옆에 두고 계셨습니다. 하나는 평범한 갈색 가죽 채찍이었는데 나의 형님에게 사용하기 위해 갖고 있는 것이었습니다. 나머지 하나는 특별한 노란색 채찍이었는데 나를 위한 것이었습니다. 사실 노란색 채찍을 사용한 적은 한 번도 없습니다. 그러나 만약 사용했다면 운 나쁜 형님에게 한두 번 쓰인 그 채찍 못지않게 아팠을 것이라고 확신합니다!

농담은 그만 접겠습니다. 교사는 아이들의 발전에 엄청난 영향을 미칩니다. 학업문제뿐 아니라 인간으로서도 그렇습니다. 다양한 학생들은 다양한 욕구를 가지며, 교사들은 이 점에 민감해야만 합니다. 어떤 학생에게는 엄격한 규율이 효과적이겠지만 어떤 학생에게는 부드러운 접근법이 좀 더 적합할 것입니다.

나는 오늘날까지도 제 스승님들께 깊이 감사를 드립니다. 링 린포체의 엄한 외모에도 불구하고 이윽고 나는 그의 친절함의 깊이를 깨닫게 되었습니다. 티베트 사원에서 전통 교육을 담당하는 스승들은 존경받을 만한 성품을 많이 지니고 있습니다. 인내, 열정, 영감을 주는 능력, 활동성, 가르침을 분명히 전달하는 능력이 그것입니다. 그러나 무엇보다도 세 가지 성품이 위대한 스승의 표시로 여겨집니다. 뛰어난 학식, 도덕적 진실성, 친절함이 그것입니다.

현대 사회의 교사들이 종종 엄청난 도전에 직면한다는 사실을 나는 알고 있습니다. 학급이 무척 크고, 가르치는 과목이 복잡하며, 규율을 유지하기가 어려울 수 있습니다. 교사 역할의 중요성과 어려움에도 불구에도 오늘날 몇몇 서구 사회에서는 교사가 다소 지위가 낮은 직업으로 여겨진다는 사실을 듣고서 놀랐습니다. 이것은 분명 매우 당혹스러운 일입니다. 교사는 그 직업을 선택한 것에 박수를 받아야 합니다. 특히 지치고 기분이 울적한 날 스스로를 축하해야만 합니다. 교사는 학생의 직접적인 지식 수준뿐 아니라 그들의 삶 전체에 영향을 미치는 일에 관여하고 있습니다. 따라서 인류의 미래 자체에 기여하고 있습니다.

오늘날 서로 연결되어 있는 세상에서 모든 도전에도 불구하고 인류의 미래를 낙관하는 나의 관점이 너무 이상적인 걸까요? 어쩌면 그럴 수도 있습니다. 그렇다면 그것이 비현실적일까요? 분명 그렇지 않습니다. 우리가 직면하는 도전들에 계속 무관심한 것에는 변명의 여지가 없습니다. 목표가 고귀하다면 그것이 우리 일생 중에 현실화되느냐 그렇지 않으냐는 대체로 큰 상관이 없습니다. 그러므로 우리가 해야 할 일은 노력하고 인내하면서 절대 포기하지 않는 것입니다.

머리에서 가슴으로

II

―

"파괴적인 감정을 조절하기 위한 내면 계발을 위해 두 가지 접근법이 있습니다. 하나는 우리 안에 존재하는 파괴적 잠재력의 영향을 줄일 수 있는 방법을 찾아야 합니다. 다른 하나는 우리 안에 자연적으로 존재하는 긍정적 특성을 키우는 방법을 찾아야만 합니다. 마음 수련을 위한 이 두 가지 접근법이 바로 내가 진정한 영적 수행의 핵심으로 여기는 것입니다."

스스로 시작하기
변화는 나로부터

 이 책의 앞부분에서 나는 자비와 내적 가치의 중요성을 이해하는 데 필요한, 전적으로 현세적인 토대에 대해 설명했습니다. 그러나 이 특성의 필요성을 이해하는 것만으로는 충분하지 않습니다. 우리는 이러한 이해를 바탕으로 행동을 해야만 합니다. 그렇다면 어떻게 이런 이해를 불러와서 나날의 삶으로 옮길 수 있을까요? 어떻게 하면 행동할 때 좀 더 자비로워지고, 더 친절해지고, 좀 더 용서하게 되고, 더 잘 분별할 수 있을까요?

 그 물음에 대한 해답으로서 앞으로 나올 내용에서는 마음 교육을 위해 시작할 수 있는 방법에 대한 몇 가지 생각을 나눌 것입니다. 이 방법의 많은 측면은 내 배경의 일부인 전통 불교로부터 나오며, 특히 티베트어로 '로종'이라고 하는 '마음 닦기'를 포함합니다. 이것은 부정적 행동을 자제하는 법, 파괴적인 감정

성향과 싸우는 법, 자비, 인내, 만족, 자기 수양, 너그러움 같은 내적 가치를 키우는 법, 마음 수련을 통해 고요하고 절제된 마음을 발달시키는 법 등입니다. 그러나 여기서 제시하는 수행법들이 종교적 믿음이나 헌신을 필요로 한다고 생각하지는 않습니다. 오히려 그 수행법들은 더 깊은 행복감을 느끼면서 다른 존재와 조화롭게 도덕적으로 살아가기 위한 접근법의 일부가 됩니다. 이것들은 특정 종교나 문화의 관점과는 관계없이 수행할 수 있습니다.

이 책의 나머지 부분에서 제가 제안하는 것들은 다음과 같은 진정한 희망에서 드리는 것입니다. 그것들이 자기 자신의 어려움을 극복하는 법을 배우고자 하는 사람들에게 도움을 주고 그들을 안내하리라는 희망입니다. 또한 자신과 타인 모두에게 장기적인 관점에서 이익이 되는 방향으로 도덕적 삶을 이끌어나가는 법을 배우고 싶어 하는 사람들에게도 마찬가지입니다.

거듭 말하지만, 이 제안들은 우리의 모든 문제를 해결하기 위한 일시적인 해결법이 아님을 강조하고 싶습니다. 마음을 교육하는 데는 시간이 걸릴 뿐 아니라 지속적인 노력도 필요합니다. 하지만 진실한 동기를 갖고 있다면 우리 모두가 따뜻한 마음을 배울 수 있고 그것으로부터 모두 이익을 얻을 수 있으리라고 믿습니다.

8
어떻게 도덕을 실천할 것인가

 도덕은 단순히 지식의 문제가 아닙니다. 더 중요한 사실은 그것이 행동에 관한 것이라는 점입니다. 그렇기 때문에 도덕을 이해하는 수준이 매우 높다고 해도 그것이 일상생활에 적용되지 않는다면 무의미합니다. 도덕적으로 살아가려면 도덕적 관점을 의식적으로 택하는 것뿐 아니라 일상생활에서 내적 가치를 키우고 실천하는 데 헌신할 필요가 있습니다.

 나날의 삶에서 어떻게 도덕을 실천할 것인가의 문제에서는 그 과정에 세 가지 측면 혹은 차원이 있다고 생각하면 도움이 될 것입니다. 각 단계는 다음 단계로 나아갈수록 발전된 것이고, 이전 단계가 성공해야만 다음 단계로 넘어갈 수 있습니다. 그것들은 몇몇 불교 경전에 쓰여 있듯이 다음과 같습니다. 절제의 윤리, 덕의 윤리, 이타주의의 윤리입니다. 절제의 윤리는 다른 이에게 실제로 해가 되거나 해가 될 가능성이 있는 일을 일부러 삼가는 것입니다. 덕의 윤리는 긍정적인 행동과 내면 가치를 적극적으로 키우고 발달시키는 것입니다. 이타주의의 윤리는 타인의 행복을 위해 사사로운 마음 없이 우리의 삶을 진정으로 헌신하는 것입니다.

효과를 보기 위해서는 이 세 단계를 우리의 모든 행동과 관련시켜 생각해야만 합니다. 다시 말해 겉으로 보이는 육체적 행동뿐 아니라 우리의 말, 궁극적으로는 우리의 생각과 의도 그 자체와도 관련지어야 합니다. 그리고 몸과 말과 마음의 세 가지 행동 차원 중에서 가장 중요한 것은 마음입니다. 마음은 우리가 행동하고 이야기하는 모든 것의 근원이기 때문입니다.

몸과 말의 행위에만 주의를 집중하는 것은 마치 의사가 근본 원인을 해결하기보다는 병의 증상만을 다루려는 것과 같습니다. 효과적인 치료를 위해서는 그 문제의 근원도 다루어야만 합니다. 이러한 관점에서 이 책의 마지막 세 장은 모두 주로 마음 수련을 다루고 있습니다. 그러나 수련을 통해 마음을 교육한다는 주제로 넘어가기에 앞서, 몸과 말로 하는 파괴적인 습관 버리기의 중요성에 대해 조금 이야기해야만 할 것 같습니다. 도덕 실천의 첫 단계를 구성하는 것이 이것이기 때문입니다.

명백하게 해로운 몇 가지 행동에 대해 세상의 모든 주요 종교와 인류의 전통은 의견을 같이합니다. 살인과 절도, 성적 착취 같은 부적절한 성적 행동은 다른 사람에게 해롭습니다. 그러므로 그것들은 당연히 없어져야 합니다.

그러나 절제의 윤리는 그 이상을 필요로 합니다. 타인에게 이로움을 주는 것에 대해 적극적으로 명상하기에 앞서 먼저 우리는 그들에게 아무런 해도 입히지 않을 것임을 약속해야만 합니다. 직접적으로 폭력적이지 않은 행동조차도.

남에게 해를 입히지 않는다는 이 원리와 관련하여 나는 자이나교 형제자매들에게 특히 감명을 받았고 마음이 겸허해졌습니다. 자이나교는 불교의 쌍둥이 같은 종교이며, 모든 존재를 향한 비폭력의 덕목, 즉 '아힘사'를 매우 강조합니다. 예를 들어 자이나교 승려는 나날의 활동에서 살아 있는 다른 존재에게 해를 입히지 않으며, 우연히라도 곤충을 밟지 않으려고 엄청난 노력을 기울입니다.

그러나 자이나교 비구승들과 비구니들의 모범적 행동을 우리 모두가 따라 하기는 어렵습니다. 일차적 관심 범위가 모든 살아 있는 존재를 아우르기보다 인간에게만 한정된 사람조차도 간접적으로 타인에게 해를 입히지 않기란 무척 어려울 수 있습니다. 예를 들어 강물이 어떻게 오염되는지 생각해본다면, 광산회사에서 광물을 채취하거나 산업공장에서 나날이 사용되는 기술에 필요한 성분을 만들어내기 때문일 것입니다. 그러므로 그런 기술을 매일 사용하는 사람은 그 오염에 일부 책임이 있고, 따라서 타인의 삶에 부정적인 방식으로 기여합니다. 불행히도, 타인에게 해를 입히려는 의도가 전혀 없다고 해도 행동을 통해 간접적으로 해를 입히는 것은 가능합니다.

그러므로 나날의 삶에서 타인에게 가하는 해로움을 최소화하기 위해 우리 모두가 현실적으로 할 수 있는 가장 중요한 일은 분별력 있게 행동하는 것이고, 분별력이 가져오는 확장된 자각능력에서 생겨나는 자연스러운 양심의 느낌을 따르는 것입니다.

바깥으로 드러나는 행동이 가져오는 해로움은 보통 눈으로 볼 수 있지만, 말로 타인에게 가하는 고통은 좀 더 숨겨진 반면 그에 못지않게 종종 해로울 수 있습니다. 이것은 특히 가장 가깝고 친밀한 관계의 경우 그렇습니다. 우리 인간은 매우 예민하며, 무신경하게 거친 말을 써서 주위 사람에게 고통을 주기 쉽습니다.

우리는 부정직한 말과 중상모략, 분열을 일으키는 잡담으로도 타인에게 해를 입힐 수 있습니다. 의심할 여지 없이 우리 모두 한 번씩은 그런 잡담의 부정적인 결과를 경험한 적이 있습니다. 그것은 사람들 사이에 신뢰와 애정을 무너뜨리고 온갖 종류의 불행한 오해를 만들며 반목을 형성할 수 있습니다. 이제는 다른 분야에서처럼 세상 모든 도덕체계에서 발견되는 '황금률'을 따를 필요가 있습니다. "대접받고 싶은 방식대로 남을 대접하라" 혹은 "남들이 나에게 해주기를 바라는 대로 남에게 하라"가 그것입니다.

말과 몸으로 하는 해로운 행동을 피하는 데에는 이 근본 규율에 더하여 2세기 인도 사상가 나가르주나의 경전에 나오는 여섯 원리가 도움이 된다고 생각합니다. 이 경전에서 나가르주나는 당시의 인도 군주에게 조언을 합니다. 그 여섯 원리는 다음과 같습니다.

- 자신을 취하게 만드는 것을 과용하지 마라.
- 바른 생활의 원리를 유지하라.
- 몸과 말과 마음이 폭력적이지 않게 주의하라.
- 다른 사람을 공손하게 대하라.
- 부모와 스승, 친절한 사람들처럼 존경받을 만한 이들을 공경하라.
- 타인을 다정하게 대하라.

무엇이 '바른 생활의 원리'를 구성하는지 상세히 설명하면서 나가르주나는 다음과 같은 접근법을 잘못된 생활방식의 예로 열거합니다. 가식을 통해 다른 이로부터 물질적 이익을 얻으려 하는 것, 속임수를 써서 다른 이로부터 무엇을 얻어내려고 유혹적인 말을 하는 것, 자기 자신을 위해 남의 소유물을 얻으려는 목적으로 그것을 칭찬하는 것, 다른 사람의 물건을 억지로 빼앗는 것, 좀 더 받기를 바라면서 예전에 얻었던 것의 특성에 대해 칭찬하는 것이 그것입니다.

이것들 대부분은 어떤 형태로든 정직하지 못한 것입니다. 부정직은 타인이 형성한 신뢰의 토대를 무너뜨리며 무척 해롭습니다. 그러므로 다른 사람을 대할 때는 투명성이 엄청나게 중요합니다. 오늘날 우리가 듣게 되는 많은 소문들, 정부와 사법부, 세계 경제, 정치, 언론, 심지어 국제 스포츠 등 아주 많은 차원과 분야에서 뚜렷하게 볼 수 있는 부정부패는 이러한 바른 생활의 주제와 관련되어 있습니다.

목수가 끌과 망치, 톱을 가까이에 두지 않고서는 의자를 고친다는 생각을 할 수 없듯이, 우리도 매일 도덕적으로 살려고 노력할 때 도움이 되는 기본연장을 가지고 있을 필요가 있습니다. 불교 전통에서는 이 연장을 서로 연관된 세 요소로 설명합니다. 조심스러움, 깨어 있는 마음, 마음속 자각이 그것입니다. 이 세 개념은 세속적인 생활에서도 유용합니다. 그것들은 모두 우리가 일상생활에서 핵심 가치를 유지하는 데 도움을 주고, 나날의 행동을 지도하여 자신과 타인에게 혜택을 가져다주려는 목표와 좀 더 조화를 이루게 되는 데도 도움을 줄 수 있습니다.

이 중 첫 번째 요소인 조심스러움은 전체적으로 주의하는 태도를 취하는 것을 뜻합니다. 티베트어 '바쿄'는 종종 '세심함'이나 '성실함'으로 해석되는데, 주의 깊고 조심스러운 느낌을 뜻합니다. 예를 들어 우리가 당뇨병으로 진단받았다면 의사는 우리에게 식생활에 매우 주의하라고 충고할 것입니다. 우리는 혈압과 인슐린 수치를 조절하기 위해 설탕, 소금, 기름진 음식을 피해야 합니다. 의사는 만약 이러한 식이요법을 유지하지 못한다면 건강에 심각한 영향을 미칠 거라고 경고할 것입니다. 환자가 자신의 건강에 신경 쓴다면 이 충고를 따르고 식생활에 주의하는 태도를 취할 것입니다. 이러한 태도, 즉 조심스러운 자세는 피해야 할 음식을 먹고 싶은 유혹이 생길 때 자제력을 발휘하도록 도울 것입니다.

한 불교 경전에서 '조심스러움'은 흘러넘칠 듯한 참기름 그릇을 옮기라는 명령을 왕에게서 받은 죄수에 대한 이야기로 나와 있습니다. 그 죄수 옆에는 칼집 없이 칼만 차고 있는 감시자가 함께 걷고 있습니다. 죄수는 참기름을 단 한 방울이라도 쏟았다가는 그 칼로 목숨을 빼앗길 것이라는 경고를 들었습니다. 그 죄수가 얼마나 주의 깊게 경계하고 있을지 우리는 상상할 수 있습니다! 그의 마음은 현재 순간에 완전히 존재할 것이며, 온전히 주의를 기울이고 있을 것입니다. 이 이야기는 조심스러움의 덕목이 다음에 설명하게 될 깨어 있는 마음이나 자각의 성질과 얼마나 밀접한 관련이 있는지를 보여줍니다.

오늘날에는 깨어 있는 마음을 발달시키기 위한 많은 세속화된 기법이 있습니다. 이것은 마음챙김 명상이라고도 하며 스트레스 감소와 우울증 치료에 효과가 있습니다. 내가 이해하는 한, 이 맥락에서 깨어 있는 마음이란 일반적으로 생각과 감정을 포함한 우리 자신의 행동양식을 자각하게 되고, 도움도 되지 않는 그러한 습관, 생각, 감정을 놓아버리는 법을 배우는 것입니다. 이것은 매우 가치 있는 노력인 것 같습니다. 이런 종류의 깨어 있는 마음을 더욱 키우기 위해 무엇을 시작할 것인가는 9장에서 다시 다루겠습니다.

나날의 삶을 도덕적으로 살아간다는 관점에서, 깨어 있는 마음의 가장 중요한 의미는 '되살리기'라고 생각합니다. 다시 말해 깨어 있는 마음은 자기 자신을 정신적으로 모아서 자신의 핵심 가치와 동기를 되살리는 능력입니다. 티베트어로 깨어 있는 마음을 의미하는 단어인 '드렌파'는 '기억'을 뜻하기도 합니다. 그러므로 나날의 활동을 하면서 마음을 그 순간으로 다시 가져오는 것을 의미합니다. 그런 되살리기로 인해 우리는 나쁜 습관에 덜 빠져들게 되고 해로운 행동을 더욱 삼가게 됩니다. 함부로 쓰레기 버리기, 낭비하기, 제멋대로 행동하기는 모두 깨어 있는 마음의 실천을 통해 더 나아질 수 있는 행동의 간단한 예입니다.

자각은 티베트어로 '세신'인데 자기 자신의 행동에 주의를 기울이는 것을 의미합니다. 즉 우리 행동을 있는 그대로 정직하게 관찰하고, 그렇게 함으로써 통제권 아래로 가져오는 것을 의미합니다. 말과 행동을 자각함으로써 우리는 나중에 후회하게 될 말이나 행동을 하지 않도록 자기 자신을 보호합니다. 예를 들어 화가 났을 때 화가 우리의 인식을 왜곡하고 있음을 깨닫지 못한다면 실제로 의도하지 않았던 말을 하게 될지도 모릅니다. 그러므로 자신을 관찰하는 능력을 갖추는 것, 이를테면 두 번째 차원의 주의를 갖는 것은 나날의 삶에서 매우 실용적입니다. 부정적 행동을 더욱 잘 통제할 수 있게 하고 우리의 더 깊은 동기, 신념과 조화를 유지하게 만들기 때문입니다.

우리 자신의 행동, 즉 생각과 말과 행위를 자각하는 것은 하룻밤 새 배울 수 있는 것이 아닙니다. 오히려 그것은 서서히 발달하며, 좀 더 자각하게 될수록 우리는 천천히 능숙해집니다.

어떤 독자에게는 이런 마음 수련 기법이 "양심의 소리에 귀 기울이라" 같은 조언처럼 들릴 수도 있습니다. 그것은 도덕 실천을 위한 많은 종교적 접근법에서 중요한 역할을 하는 개념입니다. 실로 둘 사이에는 비슷한 점이 많습니다. 어떤 종교에서는 양심을 신의 귀중한 선물로 여기고, 인간을 독특한 도덕적 존재로 만드는 주체로 봅니다. 세속적인 관점에서는 양심을 사회적 동물인 우리의 생물학적 본성의 결과물로 보거나, 교육과 환경을 통해 사회로부터 얻은 것으로 생각할 수도 있습니다. 어느 경우든 온전한 정신을 갖춘 책임감 있는 사람이라면 누구든 도덕적 민감성에서 이 특성이 매우 중요하다는 점에 분명 동의할 것입니다. 종교관이 어떠하든, 도덕적 책임감과 절제의 마음속 목소리가 없는, 양심 없는 사람이라는 개념은 진정으로 겁나는 것입니다.

그러나 자각을 연습하는 것은 양심의 목소리에 귀 기울이는 것과 같지 않습니다. 불교 도덕 이론에는 뚜렷하게 구분되는 정신적 특징인 양심이라는 개념이 없습니다. 그러나 양심적인 것은 여전히 매우 중요합니다. 이것은 핵심적인 두 가지 정신 특징, 즉 '자기 존중'과 '타인에 대한 배려'로 설명할 수 있습니다.

첫 번째 개념인 자기 존중은 개인적 진실성을 갖는 것, 특정한 가치를 유지하는 사람이라는 자아상을 갖는 것을 의미합니다. 그러므로 해로운 행동에 빠지려는 유혹을 받을 때 자아상이 그것에 대한 절제 수단으로 작용합니다. '이건 나라는 사람이 아니야'라고 생각하기 때문입니다. 두 번째 정신적 특징인 타인에 대한 배려는 다른 사람의 의견을 정상적인 것으로 여김을 의미합니다. 특히 다른 사람들이 찬성하지 않을 개연성이 있는 것을 그렇게 여기는 것입니다. 이 두 요소가 합쳐지면 잘못된 행동에 대한 우리의 주의 수준이 높아지고, 이것은 도덕 기준을 강화할 수 있습니다.

조심스러움, 깨어 있는 마음, 자각을 통해 나날의 행동과 말로 타인에게 해 입히기를 삼간다면 우리는 선한 행동을 하려는 것에 좀 더 진지하게 주목할 수 있습니다. 이것은 커다란 기쁨과 내적 자신감의 근원이 될 수 있습니다. 우리는 다른 사람을 따뜻하고 너그럽게 대하고, 자선을 베풀고, 도움이 필요한 사람을 도움으로써 우리 행동을 통해 타인에게 이익을 줄 수 있습니다. 그러므로 타인에게 불운이 닥치거나 그들이 실수를 저지를 때, 그 사람을 조롱하거나 탓하면서 반응하기보다는 손을 내밀어 도와야만 합니다. 말을 통해 타인에게 이익을 주는 것에는 남을 칭찬하고 그들의 문제에 귀 기울이며 조언과 용기를 주는 것이 포함됩니다.

말과 행동을 통해 타인에게 이익을 줄 때 우리 역시 도움을 얻기 위해서는 다른 사람의 성취와 행운에 공감하며 기뻐하는 태도를 기르는 것이 유용합니다. 이 태도는 질투에 대한 강력한 해독제입니다. 질투는 개인 차원에서 불필요한 고통의 근원일 뿐 아니라 타인에게 손을 내밀어 그들과 관계 맺는 능력을 방해하는 것이기도 합니다. 티베트 스승들은 종종 그러한 공감의 기쁨이 우리 자신의 덕을 발달시키는, 가장 돈이 적게 드는 방법이라고 말합니다.

이타주의는 타인의 이익을 위해 자신의 말과 행동을 진정으로 이기심 없이 헌신하는 것을 말합니다. 세상 모든 종교에서는 이것을 도덕 실천의 가장 높은 형태로 여기며, 많은 종교에서는 신과의 일치나 깨달음으로 가는 중요한 길로 봅니다.

그러나 타인에 대한 완전하고 이기심 없는 헌신이 도덕 실천을 위한 최상의 형태인 것은 맞지만, 그렇다고 해서 모두가 이타주의를 실천할 수 없다는 뜻은 아닙니다. 사실 사회사업이나 의료활동을 하며 타인을 돌보는 직업을 가진 많은 사람들과 남을 가르치는 일을 하는 사람들도 이 이타주의라는 도덕 추구에 관여하고 있습니다. 이 직업은 아주 많은 사람의 삶에 직접적인 혜택을 가져다주므로 진정으로 고귀합니다. 그러나 평범한 사람들이 타인에게 이익을 주는 삶을 살 수 있는 다른 방법도 무수히 많습니다. 필요한 것은 타인에 대한 봉사를 우선시하는 것뿐입니다.

타인에 대한 봉사의 중요한 부분은 우리 자신의 행동이 가져올 결과를 평가할 수 있는 분별력을 이용하는 것입니다. 그러면 나날의 삶에서 조심스럽고 깨어 있고 자각함으로써 자신의 행동과 말을 통제할 수 있게 됩니다. 이것이 바로 자유의 토대입니다. 그러한 자기 절제를 얻고 그것을 이용하여 우리 행동이 모든 차원에서 해가 되지 않도록 주의함으로써 우리는 타인에게 이익이 되는 일을 적극적으로 시작할 수 있습니다.

9
감정의 사슬에서 벗어나기

 앞에서 설명한 것처럼 인간 행복의 핵심이 우리 자신의 마음 상태에 달려 있다면 그 행복의 주된 장애물도 마찬가지입니다. 의심할 여지 없이, 영적으로 충만한 삶을 사는 능력과 개인 행복에 가장 큰 장애물은 번뇌를 일으키는 파괴적인 감정을 끊임없이 느끼는 성향입니다. 그러한 감정은 인간 행복의 진정한 적이며 모든 파괴적인 인간 행동의 궁극적인 근원입니다. 이러한 부정적 감정 다루기가 도덕적 정신적 수행의 중요한 목적입니다.

 이 같은 파괴적인 성향을 다루고 나날의 습관과 행동에 미치는 지배력을 줄일 방법에 대해 실질적인 제안 몇 가지를 하기에 앞서, 이것이 현실성 있는 목표인가 하는 물음부터 먼저 제기해야 할 것 같습니다. 우리 인간은 실제로 변화할 수 있는 능력이 있는 것일까요?

전 세계 종교는 우리 인간이 내면에서부터 변화할 수 있는 능력이 있음을 오랫동안 인식해왔습니다. 그러나 순수하게 현세적인 맥락에서는 이 능력의 실체를 증명하기가 어려울 수 있습니다. 예를 들어 물질주의를 신봉하는 사람이라면 우리가 전적으로 생물적인 요인에 의해 결정된다고 주장할 것입니다. 혹은 현대식 표현을 쓴다면 우리가 어떤 면에서는 '하드웨어에 내장된 상태'라고 말할 것입니다. 그러한 관점에서 보면 어떤 사람은 그 본성상 화를 내게 되어 있고, 어떤 사람은 자연적으로 좀 더 친절한 경향이 있으며, 어떤 사람은 유전적으로 낙천적인 성향이 있고, 어떤 사람은 본래 우울한 경향이 있습니다. 우리의 많은 성격 특성이 실로 타고난 것이라면, 그리고 분노, 증오, 질투처럼 번뇌를 일으키는 감정이 우리 본성의 일부라면 우리가 할 수 있는 일이 아무것도 없다는 주장은 사실입니다. 그러므로 타고난 마음 성향을 바꾸는 일이 실제로 불가능하다고 생각할 것입니다.

감정에 대해 할 수 있는 일이 정말로 없다면 우리는 진정 그것의 노예가 될 것입니다. 그러나 의식적인 노력을 통해 감정과 행동양식에서 의미 있는 변화를 만들어낼 수 있음을 보여주는 증거가 심리학과 신경과학 분야에서 점차 나타나고 있습니다. 물론 앞에서도 말했듯이 나는 과학자가 아닙니다. 그럼에도 불구하고 여러 해 동안 전문가들과 이 주제에 대해 이야기했습니다. 이 대화들에 따르면 최근 '뇌 가소성'이라 부르는 것의 발견이 이러한 의미 있는 변화의 가능성을 과학적으로 잘 설명합니다. 과학자들은 뇌의 패턴과 구조가 우리의 생각과 경험에 반응하여 시간에 따라 변할 수 있음을 발견했습니다. 나아가 이성적 사고와 같은 고차원의 인지활동을 담당하는 뇌의 전두엽 부분과, 편도체를 포함한 '대뇌변연계'로 알려진 부분과의 상호작용도 관찰할 수 있습니다. 편도체는 아몬드 모양의 구조물이며, 본능에 따른 감정의 가장 원시적인 반사작용과 관계있습니다.

이러한 신경과학의 발전은 많은 과학자로 하여금 다음과 같은 생각에 진지하게 주목하도록 만들었습니다. 우리 자신의 의식적인 노력을 통해, 말 그대로 뇌의 물리적 패턴을 바꿈으로써 감정 본능을 훈련시킬 수 있다는 생각입니다. 이 분야에 대한 연구는 여전히 매우 초기 단계이지만, 물질주의를 신봉하는 사람에게는 종교를 가진 사람의 신념만큼이나 강한 희망의 근거를 제시할 가능성이 있는 것 같습니다.

이로운 감정과 해로운 감정

흥미로운 사실이지만 내가 수련한 전통 불교의 정신과학에는 현재 서양의 심리학에서 감정을 이해하는 방식에 똑같이 대응되는 한 가지 범주인 '감정'이라는 개념이 없습니다. 실제로 산스크리트어나 전통 티베트어에는 '감정'이라는 말로 정확히 옮길 수 있는 단어가 존재하지 않습니다. 그 대신 모든 마음 상태가 어느 정도의 인지적 차원과 감정적 차원을 모두 포함한다고 여기며, 어느 곳에나 존재하는 다섯 가지 정신 요소(오변행심소 五遍行心所)를 포함한다고 이해합니다. 그중 한 가지가 '감정(수受)'입니다. 나머지 네 요소는 분별심(상想), 의지작용(작의作意), 주의 집중(사思), 접촉(촉觸)입니다. 그러므로 하나부터 열까지 세는 단순한 인지적 정신작용조차 몇 가지 종류의 '감정'이나 '감정 분위기'를 갖는 것으로 생각합니다. 자연적으로 이것은 맥락과 관계있습니다.

우리의 감정 상태를 분류하는 데는 다양한 방법이 존재합니다. 예를 들어 현대 심리학에서는 그 주된 구분이 즐겁고 유쾌하며 긍정적인 것으로 표현되는 것과 불쾌하고 고통스러우며 부정적인 것으로 표현되는 것으로 종종 나뉩니다.

그러나 전통 불교 심리학에서는 조금 다릅니다. 오히려 주된 구분은 어느 것이 즐겁고 어느 것이 고통스러운가보다는 어느 것이 이익을 주고 어느 것이 해를 입히는가입니다. '번뇌를 일으키는' 마음 상태는 티베트어로 '논몽', 산스크리트어로 '클레샤'라고 하는데, 우리의 장기적 행복을 가로막습니다. 반면 '번뇌를 일으키지 않는' 마음 상태는 그러한 파괴적인 효과가 없습니다.

이처럼 감정 경험을 분류하는 다양한 방법이 존재할 경우 번뇌를 일으키는 감정, 즉 우리의 장기적 행복에 해로운 감정과 단순히 기분이 좋지 않음을 혼동하지 않는 것이 중요합니다. 물론 때로는 이 두 가지가 겹치기도 합니다. 예를 들어 증오의 감정은 파괴적이기도 하고 불쾌한 경험이기도 합니다. 그러나 유쾌하지는 않지만 그럼에도 불구하고 이익이 되는 감정도 존재합니다. 마찬가지로 유쾌하지만 그럼에도 불구하고 파괴적인 감정도 존재합니다. 예를 들어 슬픔, 비탄, 회한의 감정은 분명 유쾌하지는 않지만 그것들이 그 자체로 번뇌를 일으키지는 않습니다. 이를테면 사랑하는 사람의 죽음에 직면했을 때 갖게 되는 비탄과 슬픔의 감정은 사실 우리가 상실을 받아들이고 삶을 계속해나가는 데 도움이 된다는 점에서 상당히 건설적입니다. 마찬가지로 처음에는 유쾌해 보이는 감정이 그럼에도 불구하고 우리 마음의 평화와 안정감을 약화시킴으로써 더 깊은 차원에서는 파괴적일 수도 있습니다. 그 한 가지 예가 욕망입니다. 즉 특정 대상에 대한 지나친 갈망입니다. 그러한 갈망은 어떤 점에서는 유쾌해 보일 수 있습니다. 그러나 궁극적으로는 강박적 갈망이 진정한 만족을 느낄 수 있는 우리의 능력을 잠식하고 마음의 평온함을 약화시키므로 이것은 파괴적인 감정으로 여겨져야 합니다.

현세적 도덕의 관점에서, 우리 자신과 타인의 행복을 약화시키는 그러한 마음 상태와 우리의 생존과 행복을 도모하는 마음 상태를 구분하는 것은 매우 유용합니다. 왜냐하면 그것이 도덕적으로 건전한 삶의 방식과 행복 추구에 직접 관련되어 있기 때문입니다. 사람들의 출신 배경과 문화가 다양하다는 점을 고려

한다면, 어떠한 상태가 파괴적인 것으로 여겨지고 어떠한 상태가 이로운 것으로 여겨지는가는 구체적인 상황에 따라 달라질 수 있습니다. 그러나 일반적으로 말해서 파괴적인 감정은 다음과 같이 정의할 수 있습니다. 내면의 동요를 만들어 우리의 행복을 뒤흔들어서 자제력을 약화시키고 마음의 자유를 빼앗는 것이라고. 이러한 정의 내에서 탐욕과 증오와 악의처럼 그 자체로 파괴적인 감정 상태와, 집착과 분노와 두려움처럼 그 감정이 일어난 상황과 그 감정의 정도가 균형을 이루지 못할 때만 파괴적으로 변하는 감정 상태를 구분할 수 있습니다.

생물학적 진화의 관점에서 보면 우리의 모든 기본 감정에는 분명히 목적이 있습니다. 예를 들어 애착은 우리를 하나로 모으는 데 도움을 주고 유대감을 만들며, 분노는 우리의 생존과 행복에 해를 입히는 폭력을 물리칠 때 도움을 주고, 두려움은 경계하는 태도로 위협에 반응하게 하며, 질투는 우리 자신의 욕구를 간과하지 않도록 타인과 경쟁하게끔 유도합니다. 과학자들은 이러한 기본 감정이 분명한 생물학적 차원임을 보여주었습니다. 예를 들어 즉각적인 위험에 맞닥뜨려 두려움이 생기면 과량의 혈액이 다리로 빠르게 흘러들어 아드레날린 수치가 올라가고 심장박동이 빨라져, 두려움의 감정은 말 그대로 우리에게 달아날 준비를 시킵니다. 반면 분노가 일어나면 더 많은 혈액이 팔로 들어가서 위협에 맞서게 준비시킵니다. 그러므로 이러한 감정이 그 자체로는 파괴적이지 않다는 점을 기억하는 것이 중요합니다. 이 감정은 그 감정의 정도가 그 상황과 조화를 이루지 못할 때, 혹은 그 감정을 불러일으킬 필요가 없는 상황에서 일어날 때만 파괴적으로 변합니다.

가족과 공동체를 한데 아우르는 애착이라는 감정에 대해서는 보통 그것을 파괴적이라고 생각하지 않습니다. 그러나 이 기본 감정이 지나쳐서 그 대상을 통제하려고 하면 파괴적인 감정이 됩니다. 이것은 욕망도 마찬가지입니다. 욕망 그 자체는 파괴적이지 않습니다. 결국 욕망이 없었다면 인류는 모두 사라졌을 것입니다. 사실 욕망은 아침에 일어나는 것부터 먹는 것, 일하는 것, 장단기적 인생 목표를 추구하는 것에 이르기까지 나날의 활동에서 많은 부분의 원동력이 되는 감정입니다.

마찬가지로 분노조차 언제나 파괴적인 것은 아닙니다. 예를 들어 어떤 상황에서는 강한 자비가 불공정에 대해 그것과 똑같이 강한 정도의 격분, 즉 분노를 불러일으킬 수 있습니다. 거듭 말하지만 화가 나는 것은 단기적 관점에서는 우리의 마음을 좀 더 집중하게 하고 더 많은 에너지와 투지로 가득 차게 만듭니다. 이런 식으로 분노는 어떤 상황에서는 우리가 해야 할 일을 마치는 데 좀 더 효과적이며 마땅히 추구하는 것을 얻게 합니다. 그러나 분노가 이런 실제적인 기능을 넘어서 확장되면 그것이 가져오는 에너지의 대부분은 전혀 도움이 되지 않습니다. 우리 모두 한 번씩은 다른 사람의 분노를 받아보았을 것이고, 그것의 불쾌한 결과를 경험했기 때문입니다.

분노에는 때때로 건설적인 요소가 있지만 증오는 결코 그렇지 않습니다. 증오는 언제나 파괴적입니다.

분노와 마찬가지로 두려움도 모든 상황에서 파괴적인 것은 아닙니다. 두려움은 우리가 좀 더 집중할 수 있게 하고, 위험에 대비하여 우리를 보호합니다. 두려움은 강력한 동기를 부여하는 요소이기도 하며 우리로 하여금 좀 더 주의하고 자신의 건강을 돌보게 합니다. 그러나 두려움에 사로잡히게 된다면 그것이 우리를 마비시키고 매우 파괴적인 마음 상태로 변할 수 있습니다. 나아가 지나친 두려움은 지속적인 불안 상태를 낳으며 이것은 건강에 해롭습니다. 그러므로 나는 종종 합리적인 두려움과 비합리적인 두려움을 구분합니다. 합리적인 두려움은 타당할 뿐 아니라 실제로도 우리 생존에 필요합니다. 미친개가 달려들고 있다면 이 위험에 두려움으로 반응할 필요가 있습니다. 반면 비합리적인 두려움은 위협의 근원이 대체로 우리 마음의 반영물일 때 생깁니다. 이런 종류의 두려움은 조절할 필요가 있습니다. 전혀 쓸모없고 종종 파괴적이기 때문입니다. 비합리적인 두려움에 맞서기 위해 필요한 것은 현재 닥친 상황을 더 잘 이해하는 것입니다.

모든 감정에 파괴적인 면과 그렇지 않은 면이 있다는 이러한 감정의 이중성은 의심, 수치심, 비탄, 경쟁심, 심지어 자의식 자체와 같은 마음 상태에서도 발견할 수 있습니다. 의심은 우리가 이해를 추구하고 찾아보게 만드는 정신 요소입니다. 실제로 약간의 회의론은 새로운 지식과 물음을 향해 우리의 마음을 열게 한다는 점에서 상당히 건강한 것이라고 나는 줄곧 말해왔습니다. 그러나 의심이 병적인 상태가 되면 우리를 마비시키고 결단력 있는 행동을 막을 수 있습니다.

수치심도 마찬가지입니다. 기본 차원에서 수치심은 건설적인 기능을 하는 중요한 사회적 감정입니다. 그럼에도 불구하고 수치심이 지나치면 자기 비하와 부정적인 자기 판단으로 이어질 수 있고, 이것은 분명 건설적이지 않습니다. 비탄이나 슬픔의 경우 어떤 상황에서는 이 감정이 건설적이고 긍정적인 효과가 있습니다. 그러나 마음의 습관이 되고 현실적인 이유로부터 단절된다면 파괴적으로 바뀔 수 있습니다. 자신의 모든 것을 빨아들이는 비탄, 즉 우울로 변하기 때문입니다.

경쟁심 또한 건설적일 수 있습니다. 우리의 경쟁적 충동이 더 좋은 것, 더 높은 것을 성취하고 싶어 하도록 동기를 부여하기 때문입니다. 그러나 그것을 얻기 위해 다른 사람을 짓밟거나 방해하려는 측면을 가진다면 경쟁심은 파괴적인 것으로 바뀝니다.

자의식 역시 두 종류로 구분할 수 있습니다. 자신감을 만들어 내는 토대이며 '그래, 난 할 수 있어'라고 생각하게 하는 마음 상태인 강한 자아는 건설적일 수 있습니다. 그러나 다른 형태의 자의식은 우리 자신의 이익만을 추구하면서 타인의 행복을 전혀 의식하지 못하고 심지어 우리의 이익을 위해 타인을 착취하려고까지 할 때 분명하게 드러납니다. 이런 종류의 자의식은 분명 파괴적입니다.

그러므로 인간의 정신작용과 같은 미묘한 문제를 다룰 때는 너무 독단적이지 않아야 합니다. 이것은 중요합니다. 주어진 마음 상태가 파괴적인가 아닌가의 맥락을 알지 못한 채 판단하는 것은 불가능하거나 어렵습니다. 종종 우리는 그 밑바탕에 놓인 동기, 그 감정의 구체적 대상, 그 감정의 결과 등을 고려한 뒤에야 이러한 판단을 내릴 수 있습니다. 그러므로 인간의 마음 영역에서는 언제나 열린 마음과 실용주의, 유연성 있는 태도를 유지해야만 합니다.

모든 파괴적인 감정이 갖는 한 가지 특징은 현실 인식을 왜곡하려는 성향입니다. 이것은 우리의 관점을 좁게 만들어서 주어진 상황을 좀 더 넓은 맥락에서 보지 못하게 합니다. 예를 들어 강한 열망, 욕망, 탐욕 등 극단적 형태의 집착을 느끼고 있을 때, 우리는 종종 일정 수준의 끌리는 감정을 욕망의 대상에게 투영합니다. 이것은 실제 존재하는 현실에서 많이 벗어난 것입니다. 매우 명백한 결점조차 보지 못하게 되고 강박적으로 집착하면서 자신 안에 일종의 불안감을 만듭니다. 이 불안감은 우리가 갈망하는 대상을 얻을 '필요'가 있으며 그것 없이는 불완전하다는 느낌입니다. 지나친 집착은 통제 욕구와도 관계있습니다. 이것은 욕망의 대상이 어떤 사람일 경우 상대를 매우 숨 막히게 할 수 있습니다. 이 때문에 극단적 집착은 그 성질상 매우 불안정합니다. 어느 순간 우리는 어떤 사물이나 사람에게 많은 애정을 느끼겠지만, 예컨대 통제 욕구가 좌절되고 나면 이 감정은 원한이나 증오로 쉽게 바뀔 수 있습니다.

이와 비슷한 균형감 상실은 분노, 증오, 경멸, 원한 같은 극단적이고 강렬한 혐오감의 특징이기도 합니다. 예를 들어 강렬한 분노에 사로잡히게 되면 격노의 대상은 언제나 1백 퍼센트 부정적인 것처럼 보입니다. 마음이 평온할 때는 똑같은 사람이나 사물에게 존경할 만한 특징이 많이 있다고 생각할 것입니다. 지나치게 강렬한 감정은 우리로 하여금 분별력을 잃게 만듭니다. 자신의 행동이 가져올 장단기적 결과를 예견할 수 없으며, 그로 인해 옳고 그름을 구분할 수 없습니다. 잠시 동안 우리는 문자 그대로 거의 제정신을 잃게 되어 우리 자신의 최선의 이익을 위해 행동할 수 없습니다. 그리고 그 사건이 끝나고 나서 감정이 진정되면 분노한 상태에서 말하고 행동한 것을 후회하게 되는 일이 얼마나 많습니까?

몇 해 전 스웨덴을 방문했을 때 나는 아론 베크(미국의 정신의학자. 실제 일어난 일을 부정적으로 해석하는 인식을 바꾸게 하는 방법을 써서 우울증 환자들을 치료함) 박사와 오랜 시간 대화를 나누었습니다. 그는 인지행동치료의 창시자 가운데 한 명입니다. 인지행동치료는 행동장애와 우울증 치료에 상당한 효과가 있는 현대 심리치료의 주요 분야 가운데 하나입니다. 우리가 만났을 당시 아론 베크 박사는 80대 초반이었습니다. 그가 관찰한 것들이 전통 불교 심리학의 통찰과 매우 비슷하다는 점이 무척 흥미로웠습니다. 그가 말하기를, 예를 들어 분노가 강렬할 때 분노를 느끼는 대상에게서 발견하는 불쾌감의 특징 가운데 90퍼센트 가까이가 과장과 투사라고 했습니다. 이것은 불교 경전에서 발견할 수 있는 이해와 매우 비슷합니다.

어쨌든 번뇌를 일으키는 이런 모든 마음 상태의 핵심은 그것들이 분별력을 흐리게 만들어서 시야를 가린다는 점입니다. 합리적인 판단을 할 수 없게 만들기 때문에 우리의 마음을 훔친다고도 할 수 있습니다.

파괴적인 감정을 이해하기 위한 한 가지 유용한 접근법은 그것들을 관련된 계통으로 보는 것입니다. 관련 있는 밑바탕 상태에 의해 구분하는 법입니다. 예를 들어, 앞에서 말했듯이 증오, 반목, 악의 같은 분노 계통 감정은 과장된 역겨움이라는 특징을 지니고, 탐욕, 욕망, 갈망 같은 집착 계통도 과장되게 끌리는 기분이라는 특징을 지닙니다. 또 다른 주된 번뇌 감정 계통인 시기, 자만, 의심은 한편에서는 지나친 끌림(예컨대 자만의 경우 왜곡된 자아상에 대한 지나친 집착)과 다른 한편에서는 지나친 역겨움(시기심의 경우 경쟁자에 대한 지나친 반목 감정)이 섞여 있습니다. 앞에서 이미 살펴보았듯이 이러한 지나친 역겨움이나 끌림의 요소 혹은 이 두 가지의 건강하지 못한 뒤섞임에 덧붙여 번뇌를 일으키는 모든 감정은 비현실적이거나 왜곡된 시각을 그 특징으로 갖습니다.

시기심은 다소 복합적인 계통의 번뇌입니다. 그 뿌리가 집착과 끌림에 있지만 분노, 악의, 역겨움이라는 강력한 요소도 가지고 있기 때문입니다. 행복에 대한 최근의 과학 연구에서는 오늘날 세계에서, 특히 훨씬 풍요로운 사회에서 불만족의 주요 근원 중 하나가 우리 자신을 주변 사람과 비교하려는 인간의 성향임이 밝혀졌습니다. 근본적으로 이것은 시기심의 문제로 귀결됩니다.

자만심과 교만이라는 번뇌 계통에는 오만과 편견, 심지어 강박적이거나 비현실적인 당혹감 같은 파괴적인 태도도 포함되며, 여기에도 끌림과 역겨움이 섞여 있습니다. 예를 들면 비현실적이거나 왜곡된 자아상에 끌리는 것이고, 그토록 소중한 자아상을 위협하는 사람이나 사물을 역겨워하고 경멸하는 것입니다. 과장된 자아상에 대한 이러한 집착은 그것이 사회적 지위에 바탕을 두든 출생환경에 바탕을 두든 상관없이 타인을 존중하지 않는 행동을 부추길 수 있습니다. 그러한 행동은 우리 자신뿐 아니라 타인의 행복도 파괴합니다.

마지막으로 의심 계통의 번뇌가 있으며 불안감, 강박적 죄책감 같은 파괴적인 감정을 아우릅니다. 이것은 습관적인 두려움과 비현실적 자기혐오에 뿌리를 두고 있으며, 우리가 자비로워지려는 능력을 크게 방해합니다. 그러므로 의심 계통의 번뇌 감정은 우리 자신의 행복감에 매우 해롭습니다.

내가 생각하기에 이것들은 인간의 행복, 즉 개인 행복뿐 아니라 주변 사람들의 행복, 그리고 궁극적으로는 우리가 공유하는 이 세상의 행복에 주된 장애가 되는 파괴적인 감정입니다. 이 감정은 자비와 같은 긍정적 도덕 가치를 실천할 능력을 근본적으로 약화시킵니다. 그러한 파괴적인 감정의 부정적인 영향을 온전히 인식하고서 이에 대한 반응으로 그것의 무가치함과 비현실성을 드러내 보일 때에만 우리는 그것을 효과적으로 다루게 될 것입니다.

우리의 파괴적인 감정을 조절하기 위한 내면의 계발은 두 갈래의 접근법을 필요로 합니다. 첫 번째는 우리 안에 본래 존재하는 파괴적 잠재력의 영향을 줄일 수 있는 방법을 찾는 것입니다. 다른 하나는 그것과 마찬가지로 우리 안에 자연적으로 존재하는 긍정적 특성을 키우는 방법을 찾는 것입니다. 마음 수련을 위한 이 두 갈래의 접근법이 바로 진정한 영적 수행의 핵심입니다.

이러한 파괴적인 감정을 다루기 위해서는 무엇보다 그것들을 향해 일반적인 자세, 즉 그것들에 반대되는 태도를 취할 필요가 있습니다.

그러한 태도에는 물리적 세계뿐 아니라 우리 내면의 정신세계에도 반대의 법칙이 적용됨을 인식하는 것이 중요합니다. 이로써 긍정적인 것이 부정적인 것을 상쇄하거나 중화합니다. 위대한 지혜의 전통에서 우리는 다루어야 할 마음 상태뿐 아니라, 그것의 해독제를 기르고 그것을 효과적으로 사용할 필요성에 대한 분명한 가르침을 발견할 수 있습니다. 파괴적인 감정에 반대되는 힘이 존재하지 않는다면 우리가 할 수 있는 일은 아무것도 없습니다. 그러나 거기에 반대되는 긍정적인 힘이 존재한다면 강력한 해독제가 될 수 있습니다. 예를 들어 분노에 대한 주된 해독제는 너그러움이고, 탐욕에 대한 해독제는 만족이며, 두려움에 대한 해독제는 용기이고, 의심에 대한 해독제는 이해입니다.

부정적 감정에 반대되는 효과적인 태도를 만들어내기 위해 필요한 핵심 요소는 그것의 파괴적인 성질을 깊이 인식하고 우리가 그것을 극복하기 위해 분투할 수 있으며, 또한 그래야만 한다는 신념을 갖는 것입니다. 이 신념은 부정적인 감정을 다루기 위한 지속적인 해결책의 바탕으로 작용합니다. 부정적 감정이 우리 삶과 주변 사람의 삶에 미치는 파괴적인 영향에 대해 자비로운 태도로 주의 깊게 생각하면 일반적인 태도 속에 그 신념을 발달시킬 수 있습니다. 명상을 통해 증오와 탐욕 같은 감정이 우리의 많은 개인 문제의 근원일 뿐 아니라 전쟁, 가난, 환경 파괴 같은 총체적 문제의 궁극적 근원이기도 하다는 사실을 되새길 수 있습니다. 파괴적인 감정에 반대되는 태도를 취하는 것만으로도 우리 스스로에게 주의의 느낌을 주어서 즉각적인 영향이 생길 것입니다. 이것은 그토록 강력한 감정이 우리를 강타할 때 중요한 방어 수단이 됩니다. 그러므로 가장 오래 지속되는 파괴적인 성향 각각의 부정적 영향을 주의 깊게 살펴보는 것이 무엇보다 중요합니다.

비록 잠시 동안이라고 해도 마음이 증오 같은 파괴적 감정 때문에 길을 잃는다면, 우리는 끔찍한 말과 행동을 할 것입니다. 한순간의 강렬한 증오가 만든 손해는 엄청날 수 있습니다. 불교에서는 인간의 마음을 종종 야생 코끼리에 비유합니다. 일부 농부들이 잘 알고 있듯이 코끼리는 화가 나면 무엇이든 사정없이 파괴할 수 있습니다. 발작적 분노, 악의, 강박적 욕망, 질투, 오만함이 생길 때, 겉보기에도 좋지 않은 동요된 인간의 마음은 날뛰는 코끼리보다 훨씬 더 파괴적이며 삶을 폐허로 만들 수 있습니다.

우리 모두가 내면에 가지고 있는 이토록 엄청나게 강력한 파괴적인 감정과 맞서기 위해서는 강한 열정과 결심을 키울 필요가 있습니다. 그 열정은 상당 부분 파괴적인 감정의 부정적인 영향을 생각함으로써 나올 것입니다. 부정적인 감정이 강하게 생기는 순간 그 감정은 매우 파괴적으로 변할 뿐 아니라 우리 내면의 행복을 점차 갉아먹을 수도 있습니다. 서서히 그러나 분명히 파괴적인 감정은 내면의 평화를 약화시키고 마음의 자유를 빼앗으며 우리의 가장 큰 행복의 근원인 공감 본성의 발현을 막을 것입니다. 사실 세상의 모든 폭력과 파괴는 증오의 결과물이라고도 말할 수 있습니다. 증오가 가진 해로운 결과는 개인,

가족, 사회 차원 모두에서 발견됩니다.

그러므로 부정적인 감정이 지닌 파괴적 본성에 대해 주기적으로 명상할 것을 여러분에게 권합니다. 이것이 11장의 주제이며, 11장에서는 이러한 감정을 극복할 필요성에 대한 신념을 키우는 수단으로서, 그리고 마음을 훈련하는 수단으로서 도움이 될 만한 간단한 마음 수행법 몇 가지를 설명할 것입니다.

파괴적인 감정을 다루기 위한 강력한 해결책을 발달시키면 그 원인에 대해 명상할 수 있습니다. 이 성가신 감정은 어디서 오는 것일까요? 우리가 살고 있는 세상과 우리에게 잘못을 저지르는 타인에게서 온다고 대답할지도 모릅니다! 그런데 만약 그것이 다른 사람 때문이 아니라면 우리가 공격적이 되거나 분개하거나 불안해할 필요도 없을 것입니다.

문제의 근원을 외부 조건에서 찾는 이러한 반응은 자연스러운 것입니다. 내면의 정신작용에 주의를 기울이는 습관을 들이지 않은 경우에는 특히 그렇습니다. 우리는 문제를 일으키는 원인을 우리 바깥에 있는 것으로 여기기 쉽습니다. 그러나 깊이 명상해본다면 문제를 일으키는 진정한 원인이 우리 안에 있음을 발견하게 될 것입니다. 우리의 진정한 적은 우리 자신의 파괴적인 성향입니다. 만약 외부 조건이 우리 문제의 진정한 근원이라면, 이를테면 열 사람이 똑같은 외부 상황에 직면할 때 모두 똑같은 어려움에 직면해야만 할 것입니다. 그러나 우리도 알고 있다시피 사실 그렇지 않습니다. 주어진 상황에 감정적으로 반응하는 방식은 대부분 우리 자신의 관점, 우리 자신의 태도, 우리 자신의 감정적 습관에 달려 있습니다.

고요한 마음을 키우기 위한 단계에서 우리 감정을 조절하는 수단을 얻는 방법의 일부로서, 우리가 직면한 문제와 이 세상을 헤쳐나가기 위해 신중한 태도와 무엇보다도 현실적인 접근법을 취하는 것이 중요합니다. 분노를 예로 들겠습니다. 화내는 것이 진정으로 도움이 되는 반응일까요? 끊임없이 화를 돋우는 적대적인 이웃이 있다면 화내는 것이 그 상황을 개선하는 데 과연 도움이 될까요? 게다가 만약 분노와 원한을 곪아 터지게 놓아둔다면 그것들은 점차 우리를 지치게 할 것이고 우리의 감정과 수면시간, 심지어는 식욕에도 영향을 미칠 것입니다.

이런 일이 일어난다면 적대적인 이웃이 진정으로 승리하는 셈일 것입니다! 그것은 어리석은 사람이나 택하는 방식입니다. 일종의 자기 고문이기 때문입니다. 반면 평온한 마음을 유지하고 평정심을 지키고 정상적인 삶을 지속할 수 있다면 화를 불러일으키는 상황을 다루는 데 가장 효율적인 행동방침을 결정할 준비를 훨씬 잘 갖추게 될 것입니다. 마음이 동요되면 어떤 일도 그다지 잘할 수 없습니다. 못을 똑바로 박는 것조차 어려울 수 있습니다!

명상을 해보면, 성가신 감정의 원인이 온전히 그것을 일으키는 외부의 사람이나 어떤 사물에게만 있다는 생각이 잘못되었음을 깨닫게 됩니다. 한 걸음 뒤로 물러서서 시간을 갖고 생각해보면 우리의 불만이 어느 정도 타당할 수는 있겠지만, 우리가 느끼는 짜증과 좌절감이 사실은 다소 비현실적이며 실제 상황에서 느껴야 하는 것보다 종종 과장되어 있음을 깨닫게 됩니다. 우리는 이 성가신 감정이 계속해서 일어난다는 사실도 깨닫게 됩니다. 외부 요소 때문만이 아니라 그것이 우리에게 감정적 습관이 되었기 때문입니다.

상황을 그런 관점에서 바라보기 시작할 때 이러한 파괴적인 감정이 스스로를 먹이 삼아 성장함을 깨달을 수 있습니다. 그 감정에 깊이 빠져들수록 그것은 더욱 강해집니다. 그러므로 스스로 지속되는 파괴적인 감정을 현실적으로 다루기 위해서는 우리 자신의 마음 습관에 주의를 기울일 필요가 있습니다. 타인과 주변 세상을 비난하려고 돌아보기보다는 우리 자신의 내면을 먼저 살펴보아야 합니다.

8세기 불교 사상가 산티데바가 분노의 문제를 이야기할 때 정확히 지적한 점이 이것입니다. 그는 발바닥이 가시에 찔리는 것을 막으려고 온 세상 전체를 가죽으로 뒤덮는 것은 어리석은 짓이라고 했습니다. 그보다 훨씬 쉽고 효과적인 방법은 발바닥을 가죽으로 덮는 것입니다. 마찬가지로 우리를 화나게 하는 세상 모든 것을 바꿈으로써 화를 없애겠다는 생각은 잘못된 것입니다. 그 대신 우리 자신을 변화시킬 방법을 생각해보아야 합니다.

분노는 우리 자신의 내적 불만족, 잠복해 있는 짜증, 만족감의 결여 상태에 가장 많이 의존하며 지속됩니다. 티베트어로 이것을 '이미데와'라고 부릅니다. 파괴적인 감정 중에서 특히 분노를 쉽게 일으키는 것은 밑바탕에 놓인 이와 같은 일반적인 정신적 불편함입니다. 그러한 내적 불만족은 분노와 적대감 같은 파괴적인 감정이 자라기 위한 먹이입니다. 그러므로 불이 활활 타오를 때까지 기다리는 것보다는 초기에 불씨를 끄는 것이 화재로 인한 손해를 막는 좀 더 효과적인 방법인 것과 마찬가지로, 불만족의 밑바탕에 놓여 있는 원인을 다루는 것이 그러한 감정이 완전히 폭발할 때까지 기다리는 것보다는 파괴적인 감정의 해로움을 막기 위한 좀 더 효과적인 방법입니다.

우리의 파괴적인 성향을 효과적으로 다루기 위해서는 무엇보다도 그것을 면밀하게 관찰하고 조사해야 합니다. 파괴적인 성향을 다루는 것은 단순히 억누르는 문제가 아니기 때문입니다. 우리 감정의 심리적 습관은 그 뿌리가 매우 깊으며, 종종 여러 해에 걸쳐 발달할 수도 있습니다. 그러므로 그러한 감정을 솔직하게 다루지 않고 억누른다면 잠재적으로 매우 큰 역효과를 가져올 것입니다. 감정을 무시하거나 억누르는 것은 사실 그것을 악화시키고 한층 강화하는 것입니다. 그리하여 마침내 불어난 강물이 강둑을 터뜨리듯, 결국 표면으로 밀려들어 예상치 못한 부정적인 생각과 행동으로 그것을 표현할 방법을 찾게 될 것입니다.

그러므로 파괴적인 감정을 억누르는 대신 자신에게 마음을 열고 솔직해져야만 합니다. 그리고 무엇이 그 감정을 일으키는지, 그것이 우리에게 어떤 느낌을 들게 하는지, 어떤 종류의 행동을 불러일으키는지 깨어 있는 마음으로 자각해야만 합니다. 그 감정이 우리 안에서 일어나고 우리의 행동으로 표현되는 방식에 대해 내적으로 주의를 기울이는 것을 나는 감정적 자각이라고 부릅니다. 이러한 자각 연습을 통해서만이, 즉 이러한 감정을 직접 마주하고 이것들을 자세하게 살펴봄으로써 우리는 서서히 그것을 조절할 수 있습니다.

다시 한 번 말하지만 우리의 행동을 세 가지 차원에서 고려해 볼 가치가 있습니다. 몸과 말과 마음의 차원입니다. 이 가운데 가장 중요한 것이 마음의 차원입니다. 만약 우리 경험과 행동의 이 세 가지 측면에 내적으로 계속 주의를 기울일 수 있다면 우리는 단계적으로 감정적 자각을 발달시킬 수 있고, 이것은 부정적인 충동을 억제하는 데 큰 도움이 될 것입니다.

감정에 주의를 기울이는 감정적 자각은 효과적인 경험이지만, 달성하기가 몹시 어렵습니다. 사실 감정이 일어나는 순간 그 감정을 파악하려는 노력이 처음에는 불가능할 것입니다. 대부분의 경우 강렬한 감정은 너무도 재빠르게 일어나기 때문에 우리 안에서 일어나는 그 짧은 순간 우리의 모든 의식을 장악하는 것 같습니다. 그렇기 때문에 그것들이 펼쳐지는 과정은 불분명해집니다. 그러한 어려움은 자연스러우며, 이것 때문에 낙담하거나 실망해서는 안 됩니다. 그 대신 감정적 자각은 참을성 있는 인내심과 함께 다만 서서히 발달할 것임을 기억해야만 합니다. 그렇기 때문에 처음 시작할 때는 감정을 직접 다룰 수 없으며, 감정이 우리 행동을 통해 바깥으로 드러나는 모습에 초점을 맞추며 시작해야만 합니다.

이러한 맥락에서, 파괴적 감정의 시작을 인과 사슬의 한 종류로 생각하는 것이 도움이 됩니다. 그것은 외부 자극에 의해 시작되며 우리가 행동으로 반응하는 것에 의해 끝나게 됩니다. 감정적 자각의 목적은 이러한 짧은 순간의 과정에 우리의 주의나 깨어 있는 마음을 가져오려는 것이며, 이로 인해 그것을 어떻게든 조절하려는 것입니다.

예를 들어 문이 쾅 닫혔다고 생각해봅시다. 이어서 청각과 시각, 어쩌면 촉각 기능을 통해 우리는 그 자극을 신체적으로 인식하게 됩니다. 처음에는 이것이 순전히 물리적인 사건이며 어떠한 해석으로도 물들지 않습니다. 그러나 수백만 분의 일 초도 지나지 않아 거기에 대한 해석이 따라옵니다. 여기서 투영이나 과장의 요소가 종종 관여합니다. 이러저러하기 때문에 문을 일부러 쾅 닫은 것은 나에 대한 모욕이라는 일순간의 판단이 그 예입니다. 곧바로 그 해석에 뒤이어 분노나 성가심, 짜증 같은 감정적 반응이 옵니다. 그러면 마침내, 또한 아주 재빠르게, 우리는 행동으로 반응하게 됩니다. 앙갚음을 하려고 어떤 말을 하거나 어떤 행위를 하는 것입니다.

이러한 인과 사슬을 이해하면, '우리 자신을 붙잡고' 그 붙잡는 과정을 자각하여 인과 사슬의 흐름을 끊는 것이 우리의 목표가 됩니다. 일반적으로 말해, 감정적 반응과 그것이 행동으로 표현되는 것 사이에서는 한쪽 끝에서부터 시작하는 것이 가장 쉽습니다. 그렇게 되면 시간이 흐르면서 그 과정에 좀 더 익숙해지고 감정적 자각이 발달할수록 우리는 그 인과 사슬의 출발 지점까지 도달할 수 있습니다. 번뇌를 일으키는 감정을 한꺼번에 없애거나 진정하려는 궁극의 목적을 가지고서.

그러므로 처음에 해야 할 노력은 파괴적인 감정 반응이 행동이나 말로 표현되지 않도록 조심하는 것입니다. 이 개념은 감정적으로 폭발하기 전에 우리 자신을 붙잡고 절제력을 발휘하는 것입니다. 벤 군걀에 대한 티베트의 유명한 이야기가 떠오릅니다. 한때 도둑이었던 사람이 영적 교사로 탈바꿈한 이야기입니다. 어느 날 벤 군걀이 다른 사람 집을 찾아갔는데 그 집주인은 그를 집 안에 홀로 남겨두었습니다. 도벽이 있었던 벤 군걀은 무엇인가를 가져가려고 본능적으로 오른손을 뻗었습니다. 바로 그 순간 그는 자기 자신을 붙잡았습니다. 문자 그대로 왼팔로 오른팔을 붙잡으며 소리 질렀습니다.

"도둑이야! 도둑이야!"

우리 자신을 붙잡는 법을 배우기 위해서는 파괴적인 감정 경험이 신체에 영향을 미치는 방식에 익숙해질 필요가 있습니다.

이를테면 처음 짜증이 났을 때 어떤 느낌이 듭니까? 심장박동 수가 변합니까? 얼굴에 긴장감이 느껴집니까? 팔이나 어깨가 긴장합니까? 혹은 구역질 나는 장면을 처음 보았을 때는 어떤 느낌이 듭니까? 근육이 긴장합니까? 그렇다면 또다시 묻겠습니다. 질투나 시기심에 따라오는 감각은 무엇입니까? 아마도 뱃속이나 가슴속에서 시기와 질투가 느껴지겠지요?

우리는 감정이 육체적으로 나타나는 모습을 깨닫는 법을 배울 수 있을 뿐 아니라 그 감정에 대한 몸과 마음의 반응을 관찰해 볼 수도 있습니다. 우리는 특정 방식으로 행동하고 특정 내용을 말하며 특정한 생각을 합니까? 이마 부분을 움켜잡거나 주먹을 불끈 쥡니까? 혹은 걷거나 일어서고 싶은 충동을 느끼거나, 그저 꼼지락거리려고 합니까? 마음이 동요하면 목소리가 변합니까? 아마도 그 소리가 좀 더 커지거나 날카로워지겠지요? 생각보다 말이 먼저 나옵니까? 그러한 감정이 일어날 때 일하거나 말하고 있었다면 그 감정이 우리의 일이나 말의 내용에 어떤 영향을 미칩니까?

이런 세부적인 것에 주의를 기울이는 것은 우리의 감정 상태에 익숙해지는 데 도움을 줍니다. 점점 더 익숙해질수록 그것을 더 잘 조절할 수 있습니다. 우리 자신을 이러한 감정 상태와 분리하고 그것을 점검하는 단순한 행동은 종종 그것이 잠잠해지는 데 도움이 됩니다.

일단 이 과정에 익숙해지고 난 뒤 자신의 행동으로 나타나는 반응을 성공적으로 제어할 수 있다면, 그 인과 사슬에서 한 걸음 뒤로 물러나 그 감정 자체가 폭발 단계에 이르는 것을 막을 수 있습니다. 다시 말해 강렬한 감정이 시작되었음을 알아차리기 시작한 순간 자신을 진정하는 법을 배울 수 있습니다. 이런 행동에는 예를 들어 깊은숨을 몇 번 들이쉬거나 짜증의 근원으로부터 단순히 마음을 돌리는 것이 포함됩니다. 혹은 주어진 상황을 좀 더 긍정적인 관점에서 볼 수도 있습니다. 이스라엘 검문소 병사들의 얼굴에서 신의 이미지를 발견하는 법을 배운 팔레스타인 청년처럼 말입니다(이스라엘과 팔레스타인의 아이들에게 서로에게서 신의 형상을 보는 법을 가르치는 평화운동이 일어나고 있음). 때로는 실제 상황이 비극적일지라도 다양한 원인과 조건의 맥락에서 그것을 바라본다면 부정적인 감정의 강력한 반응을 완화하는 데 도움이 될 수 있습니다. 그 상황을 다른 각도나 관점에서 바라보는 것도 도움이 됩니다. 한쪽 관점에서는 비극처럼 보이는 것이 긍정적인 결과물을 갖는 것으로 볼 수 있도록 말입니다.

이러한 접근법에 점점 익숙해질수록 당신은 서서히 통제력을 얻게 될 것이고, 그 감정이 일어나기도 전에 자기 자신을 붙잡을 수 있는 지점까지 이르게 될 것입니다. 분노, 짜증, 성가심 같은 감정이 통상적으로 당신 안에서 어떻게 일어나는가를 자각하게 됨으로써 그것을 일으키는 것이 무엇인지 깨닫는 법을 배울 수 있으며, 따라서 그 과정의 초기 단계에서 자각하여 그것에 대응하여 당신 자신을 준비할 수 있습니다. 마침내 연습을 통해 당신은 그 사건에 대한 해석을 왜곡시켜 투영하려는 시도를 막음으로써, 그 감정을 일으키는 원인에 둔감해질 수 있습니다. 이 마지막 단계는 매우 어려울 수 있습니다. 그러나 거기까지 도달한다면 엄청난 해방감을 얻을 것입니다. 예를 들면 다른 사람의 적대적인 말 같은 자극에 직면할 때조차 과장이나 투영에 의해 흐려진 본능적 해석에 물들지 않도록 감정적 자각이 당신을 보호할 것이기 때문입니다. 그럼으로써 분별력을 갖고 평온하게 반응할 수 있게 될 것입니다.

몇 해 전 미국에서 폴 에크먼 박사와 만나 많은 대화를 즐겁게 나누었습니다. 그는 '정서신경과학'이라고 부르는, 과학적인 감정 연구의 선구자입니다. 폴 에크먼 박사의 관점에서 보면 우리 행복에 가장 해로운 것은 우리의 감정이 아니라 '기분'입니다. 그는 그 감정들이 날아가기 쉽다고 설명했습니다. 감정은 매우 빠르게 오고 가지만 기분은 좀 더 오래 지속됩니다. 대체로 잠복해 있고 특별한 초점 없이 우리 마음 상태 밑바탕에 놓여 있어서, 우리의 의식적인 자각으로는 보지 못할 수 있으며, 따라서 공격하기 어렵습니다. 에크먼 박사의 말에 따르면 우리를 특정 감정에 좀 더 민감하게 만드는 것은 이러한 기분이며, 관심을 기울여야 할 대상도 기분이라고 합니다. 이것은 도움이 되는 관찰이라고 생각합니다.

내가 이해한 바로는 감정, 기분, 개인의 특징은 모두 비슷한 현상으로 취급할 수 있으며, 일종의 연속선상에 놓여 있습니다. 이것들 각각은 바로 앞에 놓인 것보다 좀 더 오래 지속되는 성질을 가집니다. 이러한 이유 때문에 그것들을 다루는 근본 방법은 대부분 같습니다. 그러나 기분의 문제는 몸과 마음의 측면에서 한 개인의 일반적 에너지 수준이라는 주제를 불러오기도 합니다. 불교 전통에서는, 특히 마음 수련의 맥락에서, 지나친 흥분에도 집중하지만, 그와 반대되는 감정인 지나친 부주의, 아둔함, 태만의 문제에 대응하는 것도 매우 강조합니다. 이런 종류의 조언은 11장에서 좀 더 설명할 텐데 우리의 기분을 다루는 문제와 관계있습니다.

또한 기분을 몰아내기는 무척 어려운 듯 보일 수 있지만, 우리 모두는 어떤 좋은 소식에 반응하여 기분이 매우 빨리 좋아진 경험이 있을 것입니다. 이것은 그것들이 보기보다 안정적이지 않으며 오래 지속되지 않음을 보여줍니다. 때로 기분은 내면에 가두어놓은 몇 가지 감정의 결과물일 수 있습니다. 다른 사람과 대화를 하면서 그 감정을 드러낼 때, 어쩌면 당신이 후회하는 것에 대해 사과하거나, 심지어 농담을 나눌 때조차 당신의 기분은 쉽게 바뀔 수 있습니다. 물론 그러한 안도감은 일시적이며, 진통제를 먹어서 얻게 되는 안도감과 얼마간 비슷합니다. 그러므로 결국 기분을 다루는 가장 효과적인 방법은 그 밑바탕에 놓인 감정 자체를 다루는 것입니다.

우리의 부정적 성향을 다루는 것이 매우 어려운 일임에는 의심의 여지가 없습니다. 나날의 역경에 직면했을 때 우리 모두는 좌절, 분노, 낙담 같은 부정적인 마음 습관에 너무 쉽게 빠져듭니다. 그러므로 우리에게 필요한 것은 우리가 유지하고 싶어 하는 가치를 지닌 채 살아가려는 노력을 끊임없이 새롭게 하는 것입니다.

10
우리에게 필요한 가치는 무엇인가

 진정한 도덕의 실천을 위한 두 갈래의 접근법을 다시 기억해봅시다. 한 가지는 파괴적인 감정을 자제하는 것이고, 나머지 한 가지는 긍정적인 내면 특성을 적극적으로 키우는 것입니다. 9장에서는 파괴적인 감정에 대해 이야기했고, 그것을 자각하고 조절함으로써 그것이 만들어내는 도전을 건설적으로 다룰 수 있는 방법을 탐구해보았습니다. 10장에서는 이 접근법의 나머지 부분에 대해 생각해봅시다. 우리 안에 본래 존재하는 긍정적인 특성 중 가장 중요한 자비에 대해서는 이미 자세히 설명했습니다. 정의의 맥락에서 용서의 미덕에 대해서도 이야기했습니다. 여기서는 그 밖의 핵심적 인간 가치 몇 가지를 간단히 살펴보겠습니다. 인내와 관용, 만족, 자기 수양, 너그러움이 그것입니다.

현세적 도덕의 맥락에서는 파괴적인 감정의 해독제 중 일상생활과 가장 즉각적이고 직접적으로 관련 있는 것이 티베트어로 '소파'라 부르는 것입니다. 일반적으로는 '인내'로 번역하지만 '소파'에는 아량, 관용, 용서의 미덕이 포함됩니다. 그것이 진정으로 의미하는 것은 고통을 참을 수 있는 능력입니다. 우리에게 다가온 고난에 부정적으로 반응하려는 본능적 충동에 무릎 꿇지 않는 것을 포함합니다.

그러나 소파는 수동적이거나 무기력한 것과는 관계가 없습니다. 그것은 되받아칠 능력이 없다는 이유만으로 무엇인가를 참는 것이 아닙니다. 입술을 깨물면서 마지못해 부당함을 참는 것도 아닙니다. 오히려 진정한 인내에는 커다란 힘이 필요합니다. 근본적으로 그것은 마음 수행을 바탕으로 절제력을 발휘하는 것입니다. 인내 혹은 관용에는 고려해야 할 세 가지 측면이 존재합니다. 우리에게 해를 입히는 자들에 대한 인내, 고통 받아들이기, 현실 받아들이기가 그것입니다.

해를 입히는 자들에 대해 인내하기

이미 이야기했듯이, 모든 것이 수많은 원인과 조건에 따라 달라진다는 사실을 생각해보면 다른 사람이 우리에게 가한 악행을 참을 때 큰 도움을 받을 수 있습니다. 어떤 사람이 내게 상해를 입혔다면 그의 그런 행동에는 엄청나게 많은 요소가 영향을 미쳤음을 기억해야 합니다. 공격이나 무례함에 직면했을 때 공격적이거나 무례한 사람이 왜 그런 식으로 행동하는가를 생각해볼 필요가 있습니다. 그의 행동은 그 자신이 경험하고 있는 어려움을 반영할 개연성이 매우 높습니다. 이것을 깨닫는다면 앙갚음하고 싶은 충동을 누그러뜨릴 수 있습니다.

아무도 분노를 원하지 않는다는 사실을 기억하는 것도 도움이 됩니다. 화가 난다면 우리가 그것을 원했기 때문인가요? 그렇지 않습니다. 자기도 모르는 사이에 우리에게 다가오는 것입니다. 병이 나는 것처럼, 화가 나는 것도 우리가 일부러 그렇게 하는 것이 아닙니다. 더욱이 해를 입히는 자들이 바로 당신과 나처럼 행복을 갈망하고 고통을 피하고 싶어 하는 인간임을 생각한다면 그들 역시 우리의 자비와 관심을 받을 자격이 있습니다. 그러므로 분노보다는 친절과 용서가 적대감에 대한 훨씬 더 적절한 반응입니다.

용서의 미덕을 발휘할 때 우리는 행위와 행위자를, 해로운 행동과 그것을 저지른 자를 구분할 필요가 있습니다. 부당한 행위 자체에 대한 반대 의견은 굳건히 유지하면서, 우리에게 해를 입히는 자들에 대한 관심과 자비의 감각은 여전히 유지할 수 있습니다.

고통을 받아들여 인내하기

인내와 관용 수행의 한 가지 중요한 차원은 고통과 어려움을 더 잘 받아들이는 자세를 기르는 것입니다. 고통과 어려움은 사실 우리 존재의 피할 수 없는 부분입니다. 이러한 인내 수련은 고통을 수반하는 삶의 현실을 진정으로 받아들이는 태도를 키워줍니다. 고통을 부인하거나 인생이 쉽게 흘러가리라 기대하는 것은 개인에게 더 많은 고통을 불러일으킬 뿐입니다. 어떤 식으로든 고통이 좋다고 말하려는 것은 아닙니다. 고통을 받아들이면 좀 더 견디기 쉬울 것이라는 의미일 뿐입니다.

세계를 여행하면서 나는 다음과 같은 사실을 알게 되었습니다. 물질적 관점에서 보면 삶이 고단한 저개발국가의 사람들이, 상대적으로 편안한 삶을 사는 풍요로운 나라의 사람들보다 종종 더 만족스런 삶을 산다는 점입니다. 물질적으로 앞서 있는 사회에서는 겉으로 보이는 풍요 아래 수많은 내적 불안과 불만족이 놓여 있습니다. 반면 가난한 나라에서는 사람들이 소박한 기쁨에 흔히 맞닥뜨리는 모습을 종종 볼 수 있습니다. 이것을 어떤 식으로 설명할 수 있을까요?

삶에서 더 많은 인내와 관용을 발휘하게 만드는 고난이 사실은 우리를 더욱 강하고 튼튼하게 하는 것 같습니다. 매일 경험하는 고난에서, 내면의 고요함을 잃지 않으면서 어려움을 더 잘 받아들이는 능력이 나옵니다. 이것은 내가 몇몇 유럽 친구에게서도 관찰한 것입니다. 제2차 세계대전의 고난을 경험한 우리 세대 사람들은 그러한 어려움에 한 번도 직면하지 못한 젊은 세대보다 더 관대하고 성격이 강인한 것 같습니다. 친구와 가족을 잃은 경험, 불확실성 속에 산 경험, 충분하지 않은 배급품으로 근근이 살아간 경험은 그 세대를 좀 더 굳세게 만들었습니다. 그들은 유머를 잃지 않으면서도 역경에 좀 더 잘 대처할 수 있습니다. 물론 나는 삶의 방식으로서 고난을 옹호하고 싶지는 않습니다. 고난의 혜택을 바라봄으로써 그것을 건설적으로 대한다면 고난이 내면의 힘과 불굴의 용기를 가져올 수 있음을 단지 보여주고 싶을 뿐입니다.

하지만 삶의 일상적인 좌절은 어떻게 다루어야 할까요? 8세기 인도 사상가 산티데바의 충고가 특히 도움이 된다는 사실을 다시 한 번 깨닫게 됩니다.

> 해답이 있다면
> 낙담할 필요가 무엇이 있겠는가?
> 해답이 없다면
> 낙담하는 것이 무슨 의미가 있겠는가?

나는 이것을 문제를 다루기 위한, '필요도 없고 의미도 없는 접근법'이라고 부릅니다. 문제에 해결책이 있다면 지나치게 걱정할 이유가 없을 것입니다. 압도당하는 듯 느끼기보다는 해결책에 이르기 위해 그저 단호하게 행동해야 합니다. 주의 깊게 생각한 뒤, 찾을 수 있는 해결책이 없다는 결론을 내리게 된다면 걱정하여 얻을 수 있는 것은 아무것도 없습니다. 오히려 문제를 바로잡을 수 없음을 빨리 받아들일수록 삶을 살아가기가 더 쉬워질 것입니다. 어느 쪽이든 지나치게 걱정하는 것은 아무런 의미가 없습니다! 아무 도움도 되지 않을 뿐 아니라 우리가 더 약해져서 심각한 손해를 입을 수 있으며, 더 나쁘게는 우울로 이끌릴 수도 있습니다.

물론 이것은 고통에 '무릎 꿇어야 한다'는 의미는 아닙니다. 그 반대로 고통을 '받아들이는 것'은 무릎 꿇는 것과 달리 그 해로움과 싸우기 위한 첫 발걸음입니다. 고난을 받아들임으로써 우리는 그것이 전적으로 부정적인 것은 아님을 깨닫게 됩니다. 예를 들어 고난은 공감할 수 있는 자비로운 본성에 불을 지펴 타인과 우리를 한데 결합하는 강력한 힘이 될 수 있습니다. 특히 고통은 우리가 서로 간의 연대감을 깨닫도록 도와줍니다. 이렇게 깨달음으로써 우리는 더 이상 우리 자신의 어려움에 압도당하지 않으며, 우리 앞에 직면한 도전을 맞이할 때 필요한 힘을 얻게 됩니다.

개인적 고통은 한 사람의 영적 성장을 위한 촉매가 될 수도 있습니다. 우리를 강하게 만들 뿐 아니라 우리에게 일종의 겸손을 가져다주며 현실과 조화를 이루는 데 좀 더 도움을 줄 수 있습니다. 세상의 모든 주요 종교 전통은 고통의 이러한 효과를 깨닫고 있습니다. 그것들은 나 자신의 삶에서 느꼈던 것이기도 합니다. 나는 나의 망명 경험이 티베트에서 특권을 지닌 통치자로서 계속 살았더라면 경험하지 못했을, 인생에 대한 더 깊은 이해를 가져다주었다고 믿어 의심치 않습니다.

현실에 대해 명상하며 인내하기

인내 실천의 세 번째 차원은 우리가 개인으로서 가장 받아들이기 어려워하는 현실의 측면에 집중하는 것입니다. 여기에는 예를 들어 나이 듦이나 죽음이 포함될 수 있습니다. 이 주제들은 종종 금기 사항으로 여겨집니다. 많은 사람들이 거기에 대해 이야기하고 싶어 하지 않기 때문입니다. 이것은 소비주의가 젊음의 문화를 부추기는, 좀 더 풍요로운 사회에서 특히 더 심한 것 같습니다. 그럼에도 불구하고 이러한 주제에 대해 명상하는 것은 우리의 행복을 증대시킬 수 있습니다. 피할 수 없는 나이 듦과 죽음, 우리 존재의 일부인 그것들의 역할에 대해 깊이 명상하는 것은 우리로 하여금 현실의 이러한 면들을 좀 더 잘 견딜 수 있도록 인도합니다. 그러지 않는다면 우리는 절망하거나 낙담하게 될 것입니다.

앞에서 여러 번 이야기했듯이 세상 모든 것은 많은 요인의 결과로 생깁니다. 주어진 사건에서 우리 자신의 행동은 광범위한 원인과 조건 중 한 가지 요소일 뿐입니다. 마찬가지로 어떤 상황에 대해서든 언제나 많은 측면이 존재합니다. 그러므로 바라던 직업을 얻지 못한 불운을 겪을 때, 우리를 실망시킨 똑같은 결정이 다른 누군가에게는, 아마도 그것이 훨씬 더 필요했을 누군가에게는 이로움을 주었으리라 생각해볼 필요가 있습니다. 비록 쉽지는 않겠지만 그러한 생각은 우리의 상실감을 타인의 행운에 공감하는 기쁨으로 누그러뜨릴 수 있습니다. 동시에 우리의 주의를 자기 자신에서 다른 곳으로 돌리는 이 단순한 행위는 그 문제를 좀 더 견딜 수 있게 만드는 효과를 가져옵니다.

 인내심 키우기는 이점이 많습니다. 인내의 실천은 평정심의 상실로부터 우리를 보호하고, 그렇게 하는 동안 가장 어려운 상황 속에서도 분별력을 발휘하게 합니다. 그것은 우리에게 내면의 공간을 만들어줍니다. 그리고 그 공간 속에서 우리는 일정 수준의 자제력을 얻으며, 이것은 충동에 이끌리기보다는 적절하고 자비로운 태도로 상황에 반응하는 선택을 하게 합니다. 앞에서 설명했듯이, 꾸준히 수행한다면 인내는 인생의 피할 수 없는 오르내림을 더 잘 다룰 수 있게 합니다. 게다가 인내는 다른 사람들이 그 가치를 인정하는 성품임에 의문의 여지가 없습니다! 인내를 실천함으로써 자연스레 우리는 다른 사람에게 훨씬 더 매력적인 존재가 됩니다. 인내는 사람들이 우리 존재에 편안함을 느끼게 도와주고 우리와 함께 있는 것을 즐기게 만듭니다. 그러나 무엇보다도 인내는 분노와 좌절감이라는 파괴적 감정에 대한 강력한 해독제입니다.

 처음 서양 국가를 방문했을 때 나는 때때로 쇼핑몰에 가곤 했습니다. 당시 인도에는 그와 같은 장소가 없었고, 나 같은 티베트 사람에게는 온갖 종류의 소비재로 밝게 빛나는 진열창을 갖춘, 그 모든 고급 상점들이 매우 인상적이었습니다. 어릴 때부터 줄곧 나는 시계 같은, 기계로 작동하는 물건을 좋아했기 때문에 이런 상점에 있는 현대적인 전자기기들은 대부분 내 마음을 사로잡았습니다. 그것들을 보다가 '와, 이것도 좋군. 와, 저것도 좋군' 하고 생각했습니다. 그러나 곧바로 나 자신에게 이렇게 묻곤 했습니다. '나는 정말 그것이 필요한가?' 물론 대부분의 경우 그 대답은 '그렇지 않다'였습니다. 그러므로 최초의 생각은 일종의 본능적인 욕심에서 나온 것이었지만, 나 자신을 점검하고 현실적인 관점을 취하고 나면 이내 그런 물건을 얻거나 지배할 필요를 느끼지 않았습니다. 이것이 만족의 실천이라고 생각합니다.

핵심적인 도덕 가치로서 만족을 지칭하는 것은 이따금 약간의 혼란을 만들어냅니다. 어떤 사람은 만족이 그 자체로 도덕 가치가 아니라고 말할 것입니다. 왜냐하면 다른 사람의 행복보다는 자기 자신의 행복에 관한 것이기 때문입니다. 타인을 자비롭게 배려하며 사는 데서 나오는 행복의 바탕이 바로 만족 아닌가요? 만약 그렇다면, 어떻게 하면 우리는 그것을 우리 자신이 지니고 키워야 할 도덕 가치로 여길 수 있을까요? 게다가 만족은 연습할 수 있는 것이 아니라 도달해야만 하는 것이라고 말하는 사람도 있을 것입니다.

이런 식으로 만족에 대해 이야기할 때 내가 진정으로 의미하는 것은 일반적인 행복의 상태에 대한 것이 아닙니다. 그보다는 티베트어로 '촉세'라 부르는, 좀 더 구체적인 만족의 개념에 대한 것입니다. 이 단어를 영어나 서양의 다른 언어로 간단하게 옮길 수 있는 말을 알지 못합니다. 그것이 일반적으로 '만족'으로 번역되기 때문에 나도 그 용어를 사용하는 것입니다. 그러나 '촉세'가 진정으로 의미하는 것은 '탐욕이 없는 것'입니다. 문자 그대로는 '충분함을 아는 것' 혹은 '만족할 때를 아는 것'을 뜻합니다. 더 많은 것을 찾지 않으면서도 만족감을 발견할 수 있는 것을 뜻합니다.

그러므로 이러한 관점에 따르면 만족은 절제의 미덕과 비슷합니다. 야망을 일정 부분 절제하는 것 혹은 제한된 욕망을 가지는 것을 의미합니다. 겸손하게 살고 합리적인 한계를 세움으로써 끊임없는 갈망에서 생겨나는 불안감과 부족함의 느낌으로부터 우리 자신을 자유롭게 할 수 있습니다. 만족하는 법을 연습하면 우리는 우리가 유지하려고 하는 이상에 따라 살고 있음을 확신하면서, 만족이라는 근본 상태 속에서 휴식할 수 있습니다. 욕망과 욕구를 제한하면 탐욕이 만들어내는 좌절감과 불만족의 고통을 피하게 됩니다.

티베트에는 "비참한 부자의 문 앞에 만족한 거지가 잠자고 있다"라는 속담이 있습니다. 이 말의 핵심은 빈곤이 미덕이라는 뜻이 아닙니다. 행복은 부로부터 나오는 것이 아니라, 우리 욕망에 한계를 두고 그 한계 속에서 만족하며 살아가는 데서 나오는 것이라는 의미입니다.

만족할 줄 아는 태도를 기르는 것은 오늘날 소비지향적인 물질만능 사회에서 특히 중요합니다. 물질만능 사회는 사람들의 기본 욕구가 충족되고 나서 오랜 시간이 흐르면, 좀 더 많은 것을 원하고 좀 더 많은 것을 소비하도록 사람들에게 끊임없이 압력을 넣습니다. 세련된 광고는 상상력을 자극하고, 상품이 우리를 행복하게 할 것이며 최신 장신구와 기기, 패션물품을 손에 넣지 않으면 왠지 어딘가 부족하다는 인식을 만들어내도록 고안됩니다. 그러므로 물질만능의 현대 사회에서 비현실적 갈망으로 인해 생기는 개인적 불만족감에 무릎 꿇지 않으려면 절제와 만족 수행이 매일 필요합니다.

좀 더 많은 것을 원하는 우리의 욕망을 조절하고 현실적인 제한 속에서 사는 법을 배우는 목적은 우리 자신의 개인 이익을 위해서가 아닙니다. 그것은 좀 더 많은 것을 끊임없이 추구하려는 경향이 만들어내는, 지구상 생명체에 대한 도전을 극복하려 할 때도 필요합니다. 이 지구상의 물질자원은 한정되어 있습니다. 전 세계 인구가 급격히 늘어나고 있으며 개발도상국 사람들은 자연스레 선진국 사람들이 향유하는 것과 똑같은 수준의 안락함을 자신의 권리인 양 갈망한다는 사실을 덧보탠다면, 우리가 지금 가고 있는 길이 지속가능하지 않다는 점이 분명해집니다. 세상의 위대한 자연 공간은 지구환경과의 균형을 유지하기 위해 많은 일을 하고 있습니다. 그러나 숲과 바다, 그 밖의 자연환경은 잠식당하고 파괴되며 내가 평생을 사는 동안에도 많은 동물과 식물이 멸종했습니다. 그러므로 우리 대다수가 당연시하고 많은 사람들이 갈망하는 안락하고 현대적인 생활방식은 사실은 커다란 대가를 요구합니다.

  만족의 필요성은 최근의 경제위기에서 고통스러울 정도로 잘 나타나며, 그 위기의 파급효과는 서로 깊이 연결된 이 세상 전역에 걸쳐 여전히 감지되고 있습니다. 경제기관을 충분히 통제하지 못한 것에 대해 정치인을 비난하기란 쉽습니다. 그러나 궁극적으로 이러한 위기는 탐욕 그 자체로부터, 즉 유례없이 많은 이익을 맹목적으로 추구하면서 적절히 조정하고 규제하지 못한 데서 생겨났습니다. 또한 이탈리아의 어느 사업가가 내게 설명한 것처럼 지나친 추측이 존재했습니다. '추측'이라는 단어는 완전한 지식 없이 행동하는 것을 의미합니다. 완전한 지식 없이 취한 행동에는 적절한 수준의 주의와 겸손이 없습니다. 여기서의 문제는 본질적으로 오만과 근시안적 사고였습니다. 세 번째 문제는 투명함의 결여였고, 이것은 부정직함과 속임수가 번성하도록 했습니다. 이 요소 중 어느 것도 피할 수 없습니다. 그것들은 모두 도덕의 실패이며, 그중에서도 제일은 탐욕입니다. 그리고 탐욕에 효과가 있는 유일한 해독제는 절제와 만족입니다.

  물론 나는 소박함과 검소함의 좋은 점에 찬사를 보내지만 그렇다고 빈곤을 받아들여도 괜찮다는 이야기는 아닙니다. 빈곤은 엄청난 어려움이며, 그것을 끝내기 위해 우리가 할 수 있는 모든 것을 다 해야만 하는 대상입니다. 빈곤은 생존을 힘겨운 싸움으로 만들 뿐 아니라, 사람에게서 영향력을 빼앗고 주눅 들게 하거나 사기를 떨어뜨리는 경향이 있습니다. 이것은 심각한 정신적 괴로움을 낳을 수 있고 사람들에게서 경제 상황을 개선할 기회를 빼앗을 수 있습니다. 이런 식으로 빈곤은 가난한 사람들을 엄청나게 괴롭힙니다. 그러나 개인 차원에서는 부 하나만으로는 행복을 얻을 수 없다는 사실을 더 빨리 받아들이고 겸손한 마음으로 사는 법을 더 빨리 배울수록, 우리는 더 행복해질 것입니다.

시간과 지역은 누구에게든 하나의 삶에서 축적할 수 있는 부의 양에 언제나 제한을 가할 것입니다. 이처럼 자연적 제한이 있는 상태에서는 만족을 통해 우리 스스로 한계를 설정하는 것이 더 현명해 보입니다. 반면 정신적 부유함을 얻는 것에서는 그 잠재력에 한계가 없습니다. 한계가 없는 곳에서는 자신이 가진 것에 만족하지 않고 끊임없이 좀 더 노력하는 것이 적절합니다. 불행히도 우리 대부분은 그 반대로 행동합니다. 우리는 물질적으로 갖고 있는 것에는 결코 만족하지 않으며, 정신적 풍요로움에 대해서는 철저히 현실에 안주하려는 경향이 있습니다.

만족의 가치와 밀접한 관련이 있는 것이 자기 수양입니다. 사실 만족의 가치는 이 책에서 설명한 모든 내적 가치와 마찬가지로 어느 정도의 자기 수양을 전제로 합니다.

자기 수양의 미덕에서 중요한 점은 그것을 자발적으로 받아들여야만 한다는 것입니다. 강제로 훈련을 하면 좀처럼 효과를 얻기 어렵고 때로는 역효과를 낳습니다. 수양이 두려움에 의해,

즉 어떤 외부 권위에 대한 두려움이나 자기 자신의 문화 혹은 종교적 길들여짐에서 나온 두려움에 의해 강요되면, 사람들은 종종 거기에 열정을 느끼기 어렵습니다. 강제로 시킨 훈련은 좀처럼 내적 변화를 만들지 못합니다.

한편 자기 수양의 가치와 나쁜 습관 자제하기의 이점을 인식해 자발적으로 수행한다면, 당연히 더 확고한 결의로 수행하게 됩니다. 그러고 나면 자기 수양을 좀 더 견딜 수 있습니다.

이처럼 자발적으로 받아들이는 자기 수양을 연습하려면 그것이 가진 많은 혜택을 인정하고 그것에 대해 깊이 생각하는 시간을 다시 한 번 가져야 합니다. 우리 자신을 위해서뿐 아니라 타인을 위해서, 더 넓은 관점에서는 인류를 위해서도 그렇습니다. 이렇게 하면서 우리는 우리의 동기와 결심을 유지하는 데 필요한 열정을 만들어낼 수 있습니다.

우리가 유혹과 나쁜 습관에 무릎 꿇을 때 자신에게 가하는 해로움에 대해, 심지어는 육체적 해로움에 대해 생각함으로써 시작하는 것이 유용합니다. 그러면 우리의 나쁜 습관이 타인에게 가하는 해로움에 대해서도 생각해볼 수 있습니다. 우리 개인의 행동과 습관이 실질적으로 타인에게 아무런 영향도 미치지 않는다고 추측하기 쉽지만, 실제로 그런 경우는 거의 없습니다. 예를 들어 가족 구성원 중 한 명이 마약에 중독되었다고 상상해봅시다. 물론 다른 가족들은 마약이 몸과 마음에 미치는 나쁜 영향 때문에 직접 고통받지는 않을 것입니다. 그렇다고 그들이 피해를 입지 않는다는 의미는 아닙니다. 그들은 걱정과 근심으로 깊이 고통받을 뿐 아니라 그 상황에 뒤따라올 수 있는 고통과 복잡한 문제 때문에도 힘이 들 것입니다. 그러므로 개인의 습관 중에 자기 수양이 부족하여 생기는 고통을 생각할 때는, 우리의 행복에 관심을 가지면서 자신들의 행복이 우리의 행복과 밀접하게 관련되어 있는 사람들을 늘 생각해야만 합니다.

자기 수양 부족이 좀 더 넓은 사회적 차원에서 미치는 악영향에 대해 생각해보는 것도 도움이 될 것입니다. 내가 보기에 이 세상 많은 곳에 널리 퍼져 있는 부정부패 문제는 사실 자기 수양의 실패일 뿐입니다. 부정부패는 언제나 탐욕, 편견, 부정직처럼 자기 잇속만 차리는 태도에 굴복하는 것입니다. 공평하고 공정한 법체계가 존재하더라도 그 체계가 부정부패에 의해 마비되면 가치가 없습니다.

자기 수양 부족의 결과에 대한 사색에서 나오는 자각이 커지면서 삶의 유혹에 저항할 수 있는 더 큰 능력을 서서히 발달시킬 수 있습니다. 지속적인 수행의 결과 마침내 자기 수양이 자연스럽게 찾아오기 시작할 것이고, 더 이상 의식적인 노력과 의지력이 필요하지 않을 것입니다. 절제와 자제가 자연스럽게 찾아오기 시작할 그 시점에 우리는 극기와 함께 다가오는 엄청난 자유의 감각을 느끼게 될 것입니다. 세상의 모든 주요 종교 전통은 자기 수양의 미덕을 격찬하고 있습니다. 예를 들어 이슬람교에서는 '사브르'의 덕을 무척 강조합니다. 이것은 착실함, 자제력, 인내 혹은 불굴의 용기를 나타내며, 이런 품성을 지닌 사람을 '사비린'이라고 합니다. '신이 사랑하는 자'라는 의미입니다.

말과 몸과 마음의 차원에서 자기 수양과 자각을 연습하여 파괴적인 성향을 극복하면, 우리의 행동이 이상과 조화를 이루지 못할 때 자연스레 일어나는 내적 동요로부터 자유로워집니다. 이러한 동요 대신 자신감과 진실성, 품위가 찾아오며, 이것들은 모든 인간이 자연적으로 갈망하는 위대한 특성입니다.

너그러움의 가치에 대해서는 이야기할 만합니다. 너그러움은 자비와 자애의 내면 태도가 가장 자연스럽게 밖으로 표현된 것입니다. 타인의 고통을 누그러뜨리거나 타인의 행복을 이루려고 할 때 그것을 실천에 옮기게 하는 갈망이 바로 생각과 말과 행동의 너그러움입니다.

물질적 의미에서 무언가를 주는 행위만을 '너그러움'이라 일컫는 것이 아니라 마음의 너그러움까지 뜻한다는 점을 깨달아야 합니다. 너그러움은 용서의 미덕과 밀접한 관련이 있습니다. 너그러움 없이는 진정으로 용서할 수 없습니다.

불교 경전에서는 너그러움을 네 가지를 주는 것으로 설명하고 있습니다. 첫 번째는 물질적 재화를 주는 것이고, 두 번째는 두려움으로부터의 자유를 주는 것입니다. 즉 타인에게 안전과 안정감을 주고 그들을 거짓 없이 대하는 것입니다. 세 번째는 영적 조언을 주는 것이며, 이것은 타인의 심리적 감정적 행복을 지지하기 위한 편안함, 배려, 충고를 주는 것을 동반합니다. 네 번째는 사랑을 주는 것입니다.

처음부터 깨달아야 할 중요한 점은 이 네 가지 가운데 어느 것도 그것을 주는 목적이 타인의 환심을 사려는 것이어서는 안 된다는 점입니다. 그것은 언제나 받는 사람을 이롭게 하기 위함이어야 합니다. 어떤 사람의 동기가 자기 자신의 이익 추구와 어떤 식으로든 관련되어 있다면, 이것은 진정한 너그러움이 아닙니다.

불교 경전에는 너그러운 행동을 할 때 분별력이 필요하다는 점도 언급하고 있습니다. 예를 들어 자신의 동기가 건전한지를 확인하는 것과 더불어, 주는 행위가 적절하지 않을 수 있는 구체적인 맥락도 알고 있을 필요가 있습니다. 누군가에게 적절하지 않은 방식으로 주거나 알맞지 않은 시점에 주는 것은 받는 이에게 이롭기보다 해로울 것입니다. 분명 독약이나 무기처럼 그 본질상 주지 않는 것이 타당한 몇 가지 물건이 존재합니다. 우리가 주는 것이 타인을 해롭게 하는 데 사용될 가능성이 높다면 자비의 원리는 그 맥락에서는 주는 행동을 피할 것을 명합니다. 나아가 이 경전들은 우월감에서가 아니라 반드시 받는 이를 존중하는 마음으로 줄 필요가 있음을 강조합니다. 진정 너그러운 행동은 받는 이의 존엄성을 높일 것입니다. 이것이 우리 모두가 마음속에 간직해야 할 도움이 되는 지침이라고 생각합니다.

몇 해 전 나는 뉴욕에서 자선활동에 대한 흥미로운 공개토론회에 참석한 적이 있습니다. 자선활동에 관한 한 가장 긴급한 도움이 필요한 영역은 내가 보기에 의료와 교육 분야입니다. 건강은 인간의 존엄성과 행복에 필수적이지만 현대 의료제도에서 필요로 하는 자원은 세상 많은 사람들에게 그저 이용할 수 없는 대상일 뿐입니다. 교육은 빈곤에서 벗어나는 데 필요한 기술과 자원을 얻을 수 있는 수단을 사람들에게 제공합니다.

자선행위는 아브라함 계통의 신앙(성경에 나오는 인물 아브라함에 기원을 둔 종교. 기독교, 유대교, 이슬람교 등이 포함됨)에서 특히 강조됩니다. 이 종교들은 도움을 필요로 하는 사람에게 무언가를 주는 행위를 중요한 종교 의무로 여깁니다. 나는 개발도상국에서 이루어지는 자선활동에 종종 감동받게 되는데, 그중 상당수는 기독교 자선단체가 주도하는 것들입니다. 우리 티베트인들은 추방당한 초기 힘든 시절에 이러한 너그러운 도움을 받았고, 그 혜택을 몸소 느꼈습니다. 이슬람교에서는 구호활동, 즉 '자카트'를 모든 독실한 신자가 실천해야 하는 다섯 가지 의무 중 하나로 여기고 있으며, 유대교에서도 자선행위를 종교적으로 따라야 하는 핵심 요소로 봅니다.

그러나 자선행위는 받는 사람에게만 이익을 주는 것이 아닙니다. 자선을 베푸는 사람 쪽에서는, 그들 자신의 도움을 통해 많은 다른 이들이 혜택을 본다는 사실보다 더 큰 기쁨이 어디 있을까요? 진정으로 도움이 필요한 사람들이 실제적인 혜택을 받는다는 사실보다 무엇이 더 기쁘겠습니까?

이미 부유한 사람들에게 일정 수준을 넘어선 나머지 부는 그들이 그 부를 유용하게 사용하지 않는 한 어떠한 실제적인 가치도 가지지 못합니다. 수십억의 재산을 가진 사람이라 해도 여느 사람과 위장의 크기가 똑같고, 한 사람이 지닐 수 있는 집의 개수도 한정되어 있습니다. 일정한 수준을 넘어서면, 더 많은 호화로움과 더 많은 사치가 한 사람의 안락함에 실제로 아무런 영향도 미치지 못합니다. 마침내 부는 종이 위나 컴퓨터 화면 위에 나타나는 일련의 숫자에 불과하게 됩니다. 더욱이 어떤 사람이 도덕 원리나 기본 존엄성 유지에 관심을 갖고 있다면, 이 세상에 존재하는 모든 빈곤에도 불구하고 자신만을 위한 생활방식에 지나치게 몰두하는 것은 문제가 될 수 있습니다. 그것은 마치 배고픔으로 죽어가는 걸인 앞에서 즐겁게 식사하는 사람과 같습니다!

다행스럽게도 오늘날에는 자선활동을 통해 자신의 엄청난 부를 이 세상 많은 곳의 가난한 이들과 나누려는, 특히 의료와 교육 분야에서 도움이 필요한 이들과 나누려는 위대한 사람들이 몇몇 있습니다. 빌 게이츠와 멀린다 게이츠에 대해서는 이미 이야기한 적이 있습니다. 그들은 자선활동을 통해 아주 많은 것을 타인에게 헌신하고 있습니다.

나는 피에르 오미디야르(미국 인터넷 경매 사이트 이베이의 설립자. 부인과 함께 '오미디야르 네트워크'를 만들어 소액금융, 정부 투명성 확보를 위해 노력하고 있음)와 그의 부인 파멜라 오미디야르가

행한 훌륭한 자선활동에 대해서도 개인적으로 알고 있습니다. 그들은 자기 부의 상당 부분을 타인을 돕는 데 썼습니다. 그러한 개인을 만날 때면 나는 이 세상에 도움이 필요한 이들을 향해 그들이 보이는 너그러움에 대해 언제나 고마움을 표합니다. 그러므로 그들과 비슷한 위치에 있는 모든 부유한 이들에게 다시 한 번 호소합니다. 자선을 통해 자신의 자원을 타인과 나누는 일을 진지하게 생각해보라고.

그러나 엄청난 부자들만 기부에 대해 진지하게 생각해봐야 하는 것은 아닙니다. 한정된 수단을 가진 사람들에게도 자비로운 태도는 커다란 이익을 줍니다. 자신의 마음을 열게 하고 공감의 기쁨과 타인과의 연결감을 가져다준다는 점에서 그렇습니다. 물질적인 재화를 주는 것은 한 가지 형태의 너그러움이지만, 한 가지 너그러운 태도를 한 사람의 모든 행동으로 확대할 수 있습니다. 타인을 대할 때 친절하게 주의를 기울이고 정직한 것, 적절한 순간에 칭찬하는 것, 필요한 때 위로하고 조언하는 것, 단순히 자신의 시간을 다른 누군가와 나누는 것은 모두 너그러움의 형태이며, 이것은 특정 수준의 물질적 부를 필요로 하지 않습니다.

너그러움을 실천하는 한 가지 중요한 측면은 그 속에서 기쁨을 얻는 것이라고 생각합니다. 인도 전통에는 더 높은 이타적인 목적을 위해 너그러운 행위에 전념하는 풍습이 존재합니다. 이것은 너그러움이 맹목적이지 않고 편애 혹은 편견에 의해 이끌리지도 않으며 모든 인류의 더 위대한 선을 향하도록 보장하는 데 도움을 줍니다. 헌신하는 풍습은 주는 행동에서 기쁨을 느끼게 합니다. 주는 것에서 기쁨을 느끼는 것은 주는 사람에게 큰 도움이 됩니다. 이후로도 친절한 자선행위와 같은 행동을 계속하게 만듭니다.

주는 행위의 위대한 점은 그것이 받는 사람에게 이익을 줄 뿐 아니라 주는 사람에게도 엄청난 이익을 가져다준다는 점입니다. 그리고 더 많이 줄수록 주는 행위를 더욱더 즐기게 됩니다.

11
삶을 변화시키는 마음 수행

지금까지 우리는 영성과 도덕적 삶이 개인 수행 차원에서 무엇을 필요로 하는지 자세히 살펴보았습니다. 나날의 삶을 깨어 있는 마음으로 자각하는 방법 몇 가지와 더 큰 자각을 발달시켜 감정을 조절하는 법을 배우는 방법 몇 가지, 그리고 마지막으로 우리의 내적 가치를 적극적으로 키우는 방법 몇 가지에 대해서도 이야기했습니다. 이 모든 수행과 특히 마지막 두 방법은 마음을 수련하며 실천하는 것을 어느 정도 포함합니다. 따라서 마지막 장인 11장에서는 마음 수행법에 대해 조금 이야기하고자 합니다. 나 자신에게도 그러한 수행은 나날의 삶에서 없어서는 안 될 부분입니다. 한편으로 그것은 타인의 행복을 위해 언제나 자비롭게 행동하겠다는 나의 다짐을 강화하도록 도와줍니다. 다른 한편으로는 우리 모두를 이따금씩 괴롭히는 번뇌 감정과 생각을 제어하고 고요한 마음을 유지하는 데 도움을 줍니다.

  마음 수행은 선택한 대상이나 주제와의 친밀감을 깊게 하는 마음 훈련입니다. 이때 나는 '기르기'를 의미하는 산스크리트어 '바바나'를 염두에 두고 있는데, 여기에 해당하는 티베트어는 '친해지기'라는 뜻의 '곰'입니다. 이 두 단어는 종종 '명상'으로 번역되며, 많은 사람들이 생각하는 단순한 이완방법뿐 아니라 마음 수련 범위 전체를 일컫습니다. 본래 이 말의 뜻은 그것이 습관이든 바라보는 방법이든 존재하는 방법이든 상관없이, 어떤 것과의 친밀감을 키우는 과정입니다.

  그렇다면 마음 수행이 어떻게 내면의 영적인 탈바꿈을 가져올 수 있을까요? 여기서는 정신적 탈바꿈에 대한 불교 경전 이론을 바탕으로 한 '세 가지 차원의 이해' 개념을 불러오는 것이 도움이 될 것입니다. 듣기나 배움을 통해 나온 이해, 돌아보기를 통해 나온 이해, 사색적 체험을 통해 나온 이해가 이 세 가지 차원입니다.

  예를 들어 오늘날의 세상이 본래 서로 깊이 연결되어 있다는 것에 대해 이해하고자 노력하는 사람들이 있다고 가정해봅시다. 처음에는 다른 사람들이 그 주제에 대해 이야기하는 것을 듣거나 거기에 대한 글을 읽음으로써 배우게 될 것입니다. 그러나 듣거나 읽은 것에 대해 깊이 돌아보지 않는다면 그들의 이해는 피상적인 것으로 남고, 그 말이 지닌 의미에 대한 지식에 단단히 매이게 됩니다. 이 차원에서는 주어진 사실에 대한 이해가 정보를 바탕으로 한 추측에 불과한 것입니다. 그러나 그 의미에 대해 좀 더 깊이 명상하고 그것을 분석할 뿐 아니라 자신이 도달한 결론에 대해 깨어 있는 마음으로 생각해본다면 그 사실의 진실성에 대해 깊은 확신이 생깁니다. 이것이 이해 과정의 두 번째 차원입니다. 마지막으로 그 사실과 계속해서 더 깊은 수준으로 친밀해지면 그 사실에 대한 통찰력이 내면화되어 거의 자기 본성의 일부가 됩니다. 그때 세 번째 차원의 이해에 도달한 것입니다. 이것은 경험에 의해, 자발적으로, 노력 없이 이루어진다는 특징이 있다고 경전에 나와 있습니다.

이러한 탈바꿈의 과정에 신비로운 것은 없습니다. 사실 이것은 나날의 삶에서 일어나는 것입니다. 여기에 대한 좋은 비유는 수영이나 자전거 타기와 같은 기술을 습득하는 과정입니다. 이때 핵심 요소는 실제 연습입니다. 예컨대 교육적 맥락에서 본다면 이 과정은, 처음에는 듣고 배우는 것에서 시작해서 비판적 돌아보기를 통해 이해가 깊어진 뒤 확신을 얻는 것이며 이것은 무척 일반적입니다. 이를테면 돌아보기를 통해 처리되지 않은, 단순히 듣기나 읽기에만 바탕을 둔 지식이 강한 확신을 낳지 못함은 잘 알려진 사실입니다. 이런 이유로 인해 그것은 진정한 변화를 만들지 못합니다. 그러나 비판적 돌아보기를 통해 우리가 배운 것에 대해 깊은 확신을 얻게 된다면, 그 지식을 개인 관점의 일부로 만들고자 진지하게 노력하게 됩니다.

이 과정은 지능 발달뿐 아니라 자비처럼 좀 더 정서적인 품성의 발달에도 적용됩니다. 비판적 돌아보기를 통해 우리는 자비의 가치를 깨닫게 됩니다. 이어서 이것은 선행 그 자체를 마음 깊이 존중하도록 이끕니다. 선행에 대한 존중 덕분에 우리는 마음속으로 자비를 키우는 데 헌신하게 되고, 이 헌신은 실제 실천으로 이어집니다. 다시 말해 혜택에 대한 자각으로 인해 그 실천이 가치 있다는 확신이 생기고, 실천을 하면 우리가 명상하기 시작한 특성이나 미덕이 실제로 현실화되거나 나타납니다.

모든 주요 종교에서는 내면 계발의 중요성을 강조하고 있고, 내가 믿는 불교 전통에서 발견되는 많은 기법들은 다른 종교에서도 또 다른 형태로 존재합니다. 특히 다양한 인도 명상 전통에서 사용되는 갖가지 마음 수련법과 비슷한 점이 많습니다. 그러나 그 밖의 다른 영적 전통과도 많은 부분을 공유합니다. 최근 나는 카르멜 수도회(중세 시대에 만들어진 탁발수도회) 수도자가 기도 명상에 대해 이야기하는 강연에 참석했습니다. 그 강연은 매우 즐거웠고 많은 정보를 얻을 수 있었습니다. 그는 불교 기법과 기독교적 기법이 놀라울 정도로 유사하다는 점에 대해 말했습니다.

명상과 마음 수행이 속세와 동떨어져 있을 이유는 없습니다. 어쨌든 마음 수행 그 자체는 신앙적 헌신을 필요로 하지 않습니다. 그것이 요구하는 것은 이것뿐입니다. 더 고요하고 분명한 마음을 키우는 것은 노력을 들일 가치가 있으며, 그렇게 하면 자기 자신과 타인에게 이익이 되리라는 인식입니다. 내가 매일 하는 수행에서, 특별히 종교적인 수행을 제외하고는 나는 주로 두 종류의 마음 수련을 하고 있습니다. 추론적 명상법, 즉 분석적 명상법과 흡수적 명상법이 그것입니다. 분석적 명상법은 명상 수행자가 일련의 돌아보기를 하는 일종의 분석 과정이고, 흡수적 명상법은 마치 한 가지 결론에 대해 깊이 명상하듯 구체적인 대상이나 목적에 집중하거나 마음을 두는 것입니다. 두 기법을 결합할 때 가장 효과가 있다는 사실을 알게 되었습니다.

다양한 형태의 마음 수련법을 이해하기 위한 한 가지 유용한 방법은 각각의 수행법을 그 수행법의 대상의 관점에서 바라보는 것입니다. 이를테면 모든 존재가 근본적으로 같은 존재라는 주제를 깊이 명상해볼 대상으로 삼는 것처럼, '어떤 것을 하나의 대상으로 여기는' 형태의 수행법이 존재합니다. 또한 '긍정적인 마음 특성을 키우는' 형태의 명상법도 존재합니다. 이 형태에서는 자비와 자애와 같은 특성을 수행의 대상으로 보지는 않습니다. 그보다는 수행자가 자기 가슴속에서 이러한 특성을 키우려고 합니다. 이 두 가지 접근법 중 첫 번째 것은 이해와 같은 좀 더 인지적 성향의 정신 상태를 계발하는 것이고, 두 번째 것은 자비처럼 그 영향력에 좀 더 중점을 두는 정신 상태를 계발하는 것입니다. 이 두 가지 과정을 각각 '머리 교육하기'와 '마음 교육하기'라고 부를 수 있습니다.

우리는 버튼 하나만 누르면 많은 것이 이루어지는 시대에 살고 있기 때문에 어떤 사람들은 마음 수련에서도 즉각적인 변화를 보고자 할 것입니다. 내적 탈바꿈이 단순히 정확한 공식을 얻거나 올바른 만트라를 외는 것의 문제라고 생각할지도 모릅니다. 이것은 잘못된 생각입니다. 마음 수행에는 시간과 노력을 들여야 하며 고된 작업과 지속적인 헌신이 필요합니다.

마음 수련을 위해 초보자에게 요구되는 첫 번째 조건은 수행에 진지하게 헌신하는 것입니다. 그러한 헌신이 없다면 시작하지조차 못할 것입니다! 나는 일을 미루는 문제와 관련된 이야기를 종종 하곤 합니다. 옛날에 어떤 라마승이 있었는데, 그는 자기 제자들의 기를 살려주기 위해 제자들을 데리고 소풍을 가겠다고 약속했습니다. 이러한 동기부여는 기대효과가 있었고, 어린 승려들은 열심히 학업에 몰두했습니다. 그러나 약속한 소풍날은 오지 않았습니다. 얼마간의 시간이 흐른 뒤, 하루 동안 놀게 되리라는 기대를 포기하지 못한 가장 나이 어린 제자가 스승에게 그 약속을 상기시켰습니다. 라마승은 지금은 자신이 너무 바쁘니 잠시 기다리라고 대답했습니다. 긴 시간이 흘렀고 계절이 바뀌어 여름이 가을이 되었습니다. 다시 한 번 그 제자는 라마승에게 물었습니다.

"우리는 그 유명한 소풍을 언제 가나요?"

이번에도 라마승은 이렇게 대답했습니다.

"지금 당장은 아니다. 나는 정말 너무 바쁘다."

어느 날 제자들 사이에 소동이 일어났습니다. 라마승이 제자들에게 물었습니다.

"무슨 일이냐?"

라마승이 둘러보니 시신 한 구가 사원 밖으로 옮겨지고 있었습니다. 그때 가장 어린 그 제자가 대답했습니다.

"저기 저 불쌍한 사람은 이제야 소풍을 가고 있습니다!"

이 이야기의 요점은 다음과 같습니다. 우리가 우리 자신과 다른 사람들에게 내가 앞으로 하겠다고 말한 것을 실제로 하기 위해 시간을 내고 적절히 헌신하지 않는다면 우리에게는 언제나 또 다른 의무와 더 긴급한 일들이 생기게 마련이라는 점입니다. 그러는 동안 죽음은 어느 때도 끼어들 것입니다.

어떻게 수행할 것인가

시작하기에 앞서 주의할 점을 말씀드리겠습니다. 초보 명상 수행자들도 금세 알아차리듯 마음은 야생마와 같습니다. 야생마의 경우, 말이 진정하고 명령을 따르기까지 오랜 시간이 걸리며 말을 길들이려는 사람과도 친해져야 합니다. 마찬가지로 오랫동안 부드러운 인내심을 가져야만 명상의 실질적 혜택이 분명해질 것입니다. 물론 짧은 마음 수련 프로그램을 시작하기 위해 며칠 동안만 시간을 내는 것도 괜찮습니다. 그러나 실제 기회가 주어지기도 전에 그 결과를 판단하는 것은 옳지 않습니다. 온전한 효과를 실현하려면 몇 달이나 심지어 몇 년이 걸릴 수도 있습니다.

구체적 사항으로는 일반적으로 이른 아침이 하루 중에서 수행하기 가장 좋은 시간입니다. 그때는 마음이 가장 상쾌하고 투명합니다. 그러나 이른 아침에 수행을 잘하고 싶다면 전날 밤에 잠을 잘 자둘 필요가 있음을 기억하는 것이 중요합니다. 나는 잠을 자는 것에는 아주 운이 좋습니다. 매일 새벽 3시 반쯤 일어나는데도 평균적으로 여덟아홉 시간 동안 깊은 잠을 자려고 노력합니다. 많은 사람들은 이렇게 조절하기가 어려울 것입니다. 예를 들어 집에 어린아이가 있다면 이른 아침에 명상할 수 없을 것입니다. 만약 그렇다면 명상할 수 있는 다른 시간을 찾는 것이 더 좋습니다. 짧게 낮잠을 잔 직후나 아이들이 집 밖에 나가 있을 때가 바람직할 것입니다. 명상하기 전에 밥을 많이 먹으면 마음이 나른해지는 경향이 있습니다. 이튿날 아침 수행을 잘하고 싶다면 전날 저녁에 너무 많이 먹지 않아야 합니다.

명상을 하기 위한 시간은 초기 단계에는 한 번에 10분에서 15분 정도라도 충분합니다. 사실 지속할 수 없는 프로그램을 시작하는 것보다는 보통 수준의 포부를 갖는 것이 훨씬 낫습니다. 지속하기 어려운 프로그램은 명상을 습관화하는 데 도움이 되기보다는 명상을 싫어하게 만들 위험성이 높습니다. 주된 명상

시간 이외에도 하루 몇 차례씩 몇 분 동안 수행하려는 계획도 도움이 됩니다. 연료를 자주 넣어서 계속 불타게 만드는 동안 때로는 연료를 '끝까지 채워' 명상을 유지하는 것도 가능합니다. 명상을 하기 적당한 시간이 될 때까지 앞에서 얻은 것이 완전히 사라지지 않도록 해야 합니다.

전통 수련 지침에는 수행 장소에 대해 소리가 마음의 가시와도 같다고 적혀 있습니다. 그러므로 대부분의 사람에게는 소음에 방해받지 않고 앉아 있을 수 있는 곳을 찾는 것이 큰 도움이 됩니다. 수행 시작 전에 전화기를 꺼두는 것도 분명 좋은 생각입니다. 그러나 이것이 아무 데서나 명상을 할 수 없고, 하루 중 아무 때나 할 수 없다는 뜻은 아닙니다. 나는 여기서 이상적인 수행에 대해 말하고 있을 뿐입니다. 개인적으로, 여행할 때가 명상하기에 좋다는 사실을 깨달았습니다.

명상에 적합한 신체 자세와 관련해서는 자신에게 편안한 어떤 자세든 괜찮습니다. 그러나 너무 편안해지면 잠들 위험이 있습니다. 그런 경우에는 흔히 연꽃 자세라 불리는 것을 취하면 도움이 될 수 있습니다. 이 자세는 두 다리를 교차하여 각각의 발을 반대쪽 허벅지 위에 편안하게 올려놓는 것입니다. 이 자세의 이점 한 가지는 몸을 줄곧 따뜻하게 해줄 뿐 아니라 등을 매우 곧게 유지한다는 것입니다. 처음에는 불편할 수 있습니다. 그렇다면 일정 시간 동안 단순히 다리를 교차하고 앉아 있는 것도 좋습니다. 그 자세도 어렵다면 의자에 앉아 있는 것도 좋습니다. 마찬가지로 자신의 종교 전통으로 인해 무릎을 꿇은 채 하는 명상을 더 좋아하는 사람이라면 그것 역시 좋습니다. 그것이 무엇이든 마음이 가장 덜 산만해지는 자세를 택해야 합니다.

만약 연꽃 자세를 택한다면 오른쪽 손등을 왼쪽 손바닥 위에 올린 채 두 손을 편안한 자세로 놓아둡니다. 팔꿈치를 몸통에서 바깥쪽으로 약간 밀어내 편안하게 두면서 공기가 통과할 수 있는 공간이 생기게 합니다. 등 쪽이 약간 올라온 방석에 앉아 있는 것도 종종 도움이 됩니다. 이것은 척추를 곧게 만들어주는데, 척추는 이상적으로는 화살처럼 꼿꼿해야 하고 목만 아래로 약간 구부러져야 합니다. 혀끝을 입천장에 닿게 놓아두면 일정한 호흡 수련의 결과 생길 수 있는 갈증을 막는 데 도움이 됩니다. 입술과 이는 평상시처럼 두어도 됩니다. 눈에 대해서는 자신에게 가장 잘 맞는 자세가 무엇인지 스스로 찾을 수 있습니다. 어떤 사람은 눈을 뜬 채 명상하는 것이 가장 효과적이라고 합니다. 어떤 사람은 그렇게 하면 마음이 무척 산만해진다고 합니다. 일반적으로 대부분의 사람에게는 눈을 반쯤 감는 것이 가장 좋지만, 어떤 사람은 눈을 완전히 감는 것이 도움이 된다고 합니다.

자세를 잡고 첫 번째로 해야 할 일은 깊은숨을 몇 번 쉬는 것입니다. 그다음에는 다시 평상시처럼 숨을 쉬면서 공기가 콧구멍을 통해 들어왔다 나가는 것을 알아차리며 호흡에 집중하려고 노력합니다. 당신이 이루려는 것은 긍정적이지도 부정적이지도 않은 중립적인 마음 상태입니다. 또 다른 방법으로는, 하나부터 다섯 혹은 일곱까지 조용히 세는 동안 들숨과 날숨을 한 번씩 쉬고, 그런 다음 이 과정을 몇 번 반복합니다. 이렇게 조용히 숫자를 세는 것의 장점은 마음이 해야 할 일이 있기 때문에 쓸데없는 생각에 휩쓸릴 가능성이 낮다는 것입니다. 어느 경우든 몇 분 동안 다만 호흡을 관찰하는 것은 좀 더 고요한 마음 상태를 이루기 좋은 방법입니다.

마음을 고요하게 하는 이 과정은 천 조각 물들이기에 비유할 수 있습니다. 흰색 천 조각은 다른 색깔로 쉽게 물들일 수 있지만, 이미 색이 든 천 조각을 물들이기란 그 천을 검은색으로 만드는 경우가 아니면 어렵습니다. 마찬가지로 마음이 동요되면 긍정적인 결과를 얻기 어렵습니다.

때로는 마음이 분노 같은 어떤 강한 감정에 붙잡혀 있기 때문에 집중하기 어렵다는 것을 깨닫게 될 것입니다. 그런 경우에는 몇 마디 말을 조용히 반복하는 것이 도움이 될 수 있습니다. "번뇌를 일으키는 감정을 놓아버리겠다" 같은 문구나, 종교를 가진 사람의 경우 짧은 기도문이나 여러 번 되풀이하는 만트라가 감정에 붙잡힌 상태를 느슨하게 할 수 있습니다. 이 기법이 효과가 없다면 일어나서 밖으로 나가 잠시 동안 걷고 난 다음 다시 시도할 필요가 있습니다.

특히 초기 단계에서는 잠시 뒤 부정적인 생각이 계속해서 되돌아오는 일이 종종 일어날 것입니다. 그렇다면 전체 명상시간 동안 마음을 가라앉히고 고요하게 만드는 연습에 전념하게 될 것입니다. 이것도 괜찮습니다. 이것 역시 마음 수련입니다. 마음이 어떻게 작용하는지에 대해 몇 가지 경험을 얻게 되고 자신에게 가장 잘 맞는 기법을 배우게 되면 좀 더 중립적인 마음 상태에 서서히 익숙해질 것입니다. 이것만으로도 훌륭한 발전입니다.

좀 더 안정적인 상태를 만들면 명상시간 중 몇 분 동안 실제 마음 수련 작업을 시작할 수 있습니다.

수련 초기 단계에는 몇 가지 다른 수행법을 연이어 하는 것이 가장 좋습니다. 처음에는 마음이 산만해지기 전에 한 번에 몇 분 이상, 심지어 단지 몇 초조차 마음을 계속 집중하기가 불가능하다는 것을 깨닫게 될 것입니다. 이것은 매우 정상적인 상태입니다. 마음이 산만해졌음을 깨닫게 되면 그 즉시 마음이 산만해지기 전에 하고 있던 일로 부드럽게 돌아가십시오. 이런 일이 생기면 분노나 자책이 없어야 하며, 지금 마음이 무엇을 하고 있는가를 참을성 있는 태도로 알아차리고 조용히 주의를 다시 돌려야만 합니다. 낙담하지 않는 것이 중요합니다.

명상시간 초반에 큰 도움이 되는 수련은 수행의 혜택에 대해 생각해보는 것입니다. 한 가지 즉각적인 혜택은 수행 덕분에 강박적인 걱정과 계산, 마음이 습관적으로 점령되곤 하던 공상으로부터 잠시나마 숨을 돌릴 수 있게 된다는 점입니다. 이것 자체로도 커다란 혜택입니다. 생각해볼 또 다른 혜택은 마음 수행이 가장 높은 차원의 지혜로 가기 위한 확실한 길이라는 사실입니다. 비록 그 길이 멀고, 길을 따라가면서 극복해야 할 장애물이 많을지라도 말입니다.

수행을 하찮게 여긴다면 어떤 일이 일어날지 시간을 내어 생각해보는 것도 좋습니다. 우리도 소풍 이야기의 승려처럼 삶을 끝내게 될지 모릅니다. 노력의 혜택에 대해 깨닫기도 전에 시신으로 운반되는 이야기 말입니다. 이런 종류의 작업을 한 번도 해보지 않은 사람은 파괴적인 생각과 감정을 효과적으로 다룰 수 있게 될 가능성이 거의 없습니다.

수행하기와 수행하지 않기라는 서로 반대되는 이 두 가지 가능성과, 그중 수행하기의 장점과 수행하지 않기의 단점에 대해 깊이 생각하고 나면 우리는 그것들 사이를 왔다 갔다 할 수 있습니다. 그렇게 하면, 수행하는 것이 수행하지 않는 것보다 이점이 훨씬 많다는 사실을 깨닫게 됩니다. 그러고서 그 명상시간의 다음 단계로 옮겨 가기 전에 잠시 동안 이 결론에 대해 생각하며 마음을 휴식합니다.

정식 수행 방법 몇 가지

집중하는 명상

좀 더 공식적인 수행은 한 군데 집중하기를 통해 주의 집중력을 지속적으로 기르는 것입니다. 우선 주의를 집중할 대상 한 가지를 선택합니다. 꽃이거나 그림이거나 단순히 둥글게 빛나는 것일 수도 있습니다. 혹은 종교 수행자나 십자가상이나 붓다의 영상 같은 신성한 대상일 수도 있습니다. 처음 명상을 시작할 때는 도움을 받기 위해 자기 앞에 실제 대상을 두는 것이 도움이 되겠지만, 궁극적으로 물리적인 것은 주의 집중의 대상이 아닙니다. 그보다는 대상을 한번 선택하면 마음속에 그 영상을 만들기 위해 노력하고, 그 영상에 익숙해지면 마음의 눈 속에 고정합니다. 그 대상의 이러한 마음속 영상이 명상의 닻 역할을 합니다.

긴장이 풀리고 마음이 가다듬어지면 그 대상에 계속 집중하려고 노력합니다. 자기 눈썹 높이에서 1미터 정도 떨어진 앞쪽에 그 대상이 있다고 마음으로 그려보십시오. 그 대상의 높이가 5센티미터 정도이고 빛을 발하고 있어서 그 영상이 밝고 선명하다고 상상하십시오. 또한 그 대상이 무겁다고 상상하십시오. 이러한 무거움은 흥분을 막는 효과가 있으며, 그 대상의 밝음은 마음이 느슨해지는 것을 막아줍니다.

이런 종류의 명상을 할 때는 눈을 완전히 감지 않고 살짝 뜬 채 아래를 바라보는 것이 가장 좋습니다. 때로는 눈이 저절로 감길 수 있지만 괜찮습니다. 눈을 꽉 감지도 크게 뜨지도 않는 것이 중요합니다. 저처럼 평상시에 안경을 쓰는 사람은 명상을 하는 동안 안경을 벗는 것이 언제나 좋은 생각은 아닙니다. 안경이 없으면 시각적으로 산만해질 위험은 적어지지만, 시각적 선명함이 없어지기 때문에 마음이 좀 더 쉽게 느슨해지거나 둔해질 수도 있습니다. 이렇게 되면 우리 수행이 목적 없이 몽상에 빠질 수 있습니다. 이런 일이 일어났을 때 도움이 되는 한 가지 대책은 기분 좋은 것, 자신을 즐겁게 하는 것을 생각하는 것입니다. 또 다른 대책은 정신을 번쩍 들게 하거나, 심지어 조금 슬프게 하는 것을 생각하는 것입니다. 혹은 방해받지 않고 사방을 바라볼 수 있는 산꼭대기에서 아래를 내려다본다고 상상할 수도 있습니다.

눈에 보이는 것 때문에 마음이 산만해지는 정반대의 문제를 겪게 된다면 마음을 눈에서부터 떼어내려고 노력할 필요가 있습니다. 그런 상황에서는 아무것도 없는 벽 앞에 앉아 있는 것이 도움이 될 수 있습니다.

아마도 몇 주 혹은 몇 달에 걸쳐 지속적으로 수행한 이후겠지만, 시각화하고 있는 대상이 마음의 눈 속에서 안정되었다면 이제는 마음의 눈이 그 대상을 붙잡고 있는 동안 그 대상이 아닌 마음 자체를 살펴봅니다. 이때는 마음에 집중하지만 동시에 그것을 한쪽 구석 같은 곳에서부터 살펴보아서 너무 풀어지지 않게 합니다. 마음이 느슨해지면 머지않아 졸음이 찾아올 것입니다! 그러나 강하고 분명한 정신적 이미지를 만드는 데 성공한다면 그런 종류의 집중에 익숙해질 것입니다. 이것은 일상에서 도전적인 마음속 문제를 해결하려 할 때만 경험하게 되는 집중입니다. 여기서의 핵심은 다음과 같습니다. 마음에 진정으로 집중하는 법을 배우게 되면, 물이 수력발전소를 통해 흐르면서 터빈을 돌리는 데 필요한 큰 힘을 만들어내듯이 마음의 온 힘을 자비, 인내, 관용, 용서 같은 특성에 집중할 수 있습니다.

집중력을 조금 얻게 된 뒤라도 때때로 어쩔 수 없이 마음이 대상에서 벗어나 떠돌면서 집중력을 잃게 될 수도 있습니다. 외부 사건 때문이거나 내부에서 일어나는 사고 과정 때문입니다. 마음이 떠도는 것을 깨닫게 되면 그것을 의식적으로 인식하고 부드럽게 그 대상에게로 다시 주의를 돌립니다. 필요하다면 이따금 그 대상을 새롭게 시각화해서 그 영상이 다시 선명해지게 합니다. 이런 종류의 명상에서는 두 가지 특징이 중요합니다. 정신적 투명함과 안정감이 그것입니다. 정신적 투명함은 집중을 유지하도록 도와줍니다. 안정감은 주의가 선명하게 유지되는가 아닌가를 주시함으로써 투명성을 확보하도록 도와줍니다. 이 두 가지 특징을 계속 존재하게 하려면 중요한 두 기능을 발달시키고 활용할 필요가 있습니다. 그것은 깨어 있는 마음 그리고 내적 자각과 관련된 것들입니다. 이 두 가지 기능을 끊임없이 활용하면 오랫동안 집중을 유지할 수 있는 집중력 훈련법을 배울 수 있습니다.

요약하자면 일반적인 정식 수행시간은 호흡을 통해 마음을 안정시키는 것으로 시작합니다. 그런 다음 명상 대상을 선택하고 그것에 주의를 집중하며, 이따금 주의가 산만해졌는지 주시합니다. 마음이 떠돌고 있음을 깨닫게 되면 명상의 대상으로 부드럽게 다시 주의를 돌리고 수행을 계속합니다. 이윽고 수행시간을 마치고 싶다면 깊은숨을 쉬는 수행을 다시 해서 이완된 마음 상태에서 끝내도록 합니다.

지금 이 순간을 자각하는 명상

몇 가지 형태의 호흡 수행을 통해 마음의 긴장이 많이 풀렸을 때 유용한 또 다른 수행은 다음과 같습니다. 말하자면 자연스럽고 기본적인 자각 상태에서 마음을 쉬게 하는 것, 즉 '현재 순간 자각'이라고 부르는 것입니다. 처음 시작할 때는 마음이 미래에 일어날 일이나 과거에 이미 일어난 사건을 회상하는 데 휩쓸리지 않도록 확실하게 마음먹는 것이 중요합니다. 마음을 단순히 현재 순간에 두고 그 상태를 가능한 한 오래 유지하려고 결심하십시오. 이 수행을 처음 시작할 때 가능하다면 눈에 띄는 색도 무늬도 없는 벽을 마주하고 앉아 있는 것이 좋습니다. 그런 다음 깊은숨을 몇 번 쉰 뒤 다만 마음을 이완하고 관찰하기 시작합니다.

실제로 이것은 처음에 하기에는 상당히 어려운 일입니다. 나날의 삶에서 우리의 정신세계는 대상에 치우친 상태에 지배당합니다. 그것은 감각적 경험의 형태나 생각, 기억, 관념의 형태를 띕니다. 구체적인 내용에 사로잡혀 있지 않으면서 자연스러운 자각 상태에서 단순히 마음을 쉬게 하는 것은 좀처럼 경험하지 못합니다. 그러므로 이 명상을 처음 시작할 때는 어쩔 수 없이 마음이 떠돌고 생각과 영상이 의식적인 자각을 통과해 흘러 다니거나 기억이 아무 뚜렷한 이유 없이 떠오르게 될 것입니다. 이런 일이 생길 때 그것을 억누르거나 강화시켜서 이 생각과 영상의 에너지에 사로잡히면 안 됩니다. 단순히 관찰하고 놓아버리십시오. 마치 그것이 하늘에 나타나는 구름이며 그 구름이 시야에서 점점 사라지듯, 혹은 거품이 일어났다가 물속으로 다시 녹아드는 것처럼.

시간이 흐를수록 마음의 기본적인 자각 상태 혹은 '단순한 밝음'이라고 부를 만한 것을 잠시 엿보게 될 것입니다. 이런 식으로 진행하면서 존재하지 않음 혹은 진공처럼 느껴지는 짧은 간격, 마음속에 특별한 내용이 없는 순간을 때때로 경험하게 될 것입니다. 처음 이것에 성공하게 된다면 그 경험이 금방 사라질 것입니다. 그러나 오랫동안 수행을 계속한다면 살짝 엿보기에서 시작한 것이 서서히 확장될 수 있고, 마음이 거울이나 맑은 물과 같다는 점을 이해하게 될 것입니다. 거기에 나타나는 영상은 그 영상을 나타내는 매체에 영향을 주지 않으면서 생겨났다가 사라집니다.

이 수행의 중요한 혜택 한 가지는 생각에 이끌려가지 않으면서 생각을 관찰할 수 있는 기술을 얻게 되는 것입니다. 무심한 구경꾼이 어떤 광경을 바라보듯 당신의 생각을 있는 그대로 바라보는 법을, 말하자면 마음의 구조를 보는 법을 배우게 될 것입니다. 그러므로 훈련받지 않은 본래 상태에서 우리의 많은 문제는 우리가 생각과 실제 현실을 혼동하기 때문에 생겨납니다. 우리는 우리가 생각한 내용을 실제인 것처럼 붙잡고, 그 위에 현실에 대한 모든 인식과 반응을 만듭니다. 그렇게 하면서 본질적으로 우리 스스로 창조한 세상 속에 우리 자신을 더욱 단단히 묶고 그 속에 갇힙니다. 마치 기다란 끈이 매듭 묶인 채 얽혀 있는 것처럼.

자비와 자애를 키우는 명상

매우 효과적인 또 다른 종류의 수행은 자비와 자애 같은 긍정적인 마음 특성 키우기입니다. 이런 종류의 수행은 의도적인 사고 과정을 이용합니다. 거듭 말하지만 긴장을 풀고 마음을 가다듬기 위해 예비 호흡 수행으로 시작합니다. 그 준비를 한 다음에야 실제 수행을 시작합니다.

이 수행은 대하기 힘든 사람에 대한 자기 자신의 태도나 감정 때문에 힘들 경우 특히 유용합니다. 우선 그 사람을 마음속에 불러와서 그 사람의 존재를 거의 그대로 느낄 수 있도록 생생한 영상을 떠올립니다. 그다음 그 사람이 희망과 꿈을 갖고 있으며, 일이 잘 풀릴 때는 기쁨을 느끼고 그렇지 않을 때는 슬픔을 느낀다는 사실에 대해 명상하기 시작합니다. 이 점에서는 그 사람과 당신 사이에 조금의 차이도 없습니다. 당신처럼 그 사람도 행복을 바라고 고통을 원하지 않습니다.

이처럼 두 사람이 공유하는 근본 갈망을 깨달으면서 그 사람과의 연결감을 느끼려 하고 그가 행복을 얻기를 바라는 마음을 키우십시오. "당신이 고통과 그 원인에서 자유로워지기를. 행복과 평화를 얻게 되기를" 같은 말을 하면서 그 소망을 조용히 되뇌는 것이 도움이 될 것입니다. 그런 다음 자비로운 상태에서 마음을 휴식합니다. 이런 식으로 자비를 키우는 것은 앞에서 설명한 두 종류의 마음 수행법, 즉 분석적 명상법과 흡수적 명상법 중에 주로 분석 과정과 관련 있지만 때때로 흡수 상태에서 마음을 쉬게 하는 것도 좋습니다. 논쟁 도중에 결론적인 요점을 확실히 짚어주는 것과 비슷한 방식입니다.

자비라는 주제에 대해서는 이미 지면을 할애하여 설명했기 때문에 여기서는 더 이야기하지 않겠습니다. 앞에서 설명한 요점의 많은 부분은 의도적으로 자비를 키우는 데 적용할 수 있습니다. 분석적 마음 수련 속에 들어간 흡수적 마음 수련이라는 이 두 방법의 결합은 인내나 관용 같은 다른 내적 특성을 키우는 데도 똑같이 유용합니다.

평정심을 키우는 명상

평정의 상태에 대해 이야기할 때는 그것을 무관심과 혼동하지 않는 것이 중요합니다. 오히려 평정심은 지나친 끌림이나 혐오라는, 번뇌에 근거한 편견 없이 타인에게 관심을 갖는 마음 상태입니다.

평정심 수행에는 두 가지 주요 형태가 있습니다. 한 가지는 정원의 흙을 평평하게 하여 우리가 심은 꽃이 고르게 잘 자라도록 하는 것에 비유할 수 있습니다. 타인과의 상호작용을 친구나 적, 낯선 이와 같은 자기중심적 범주의 관점에서 정의 내리려는 습관적인 경향을 제한하는 것이 목적입니다. 두 번째 수행은 행복을 갈망하고 고통을 피하고 싶어 하는 인간으로서 자신과 타인이 근본적으로 같은 존재임을, 말하자면 본능적으로 인식하는 법을 키우는 것입니다.

첫 번째 수행에서는 분석적 사고 과정을 다시 이용합니다. 우리가 사랑하는 사람을 가깝게 느끼고, 우리에게 해로운 일이 일어나기를 바라는 사람을 부정적으로 느끼고, 낯선 이에게 무관심한 것은 정상입니다. 하지만 너무도 자주 우리는 자기와 관련 있다는 이유로 이러한 범주에 지나치게 매달리면서 우리 자신과 타인에 대해 불필요한 문제와 고통을 만들어냅니다. 앞에서 설명했듯이 이것이 '우리'와 '그들'이라는 관점에서 타인과 연결되려는 경향의 근원입니다. 그러므로 타인에 대해 더 큰 평정심을 키우는 것은 매우 도움이 되며, 특히 도덕적인 삶을 살도록 도와줍니다.

이렇게 하기 위해서는 또 한 번 호흡 수행을 통해 긴장을 풀고 마음을 가다듬은 뒤, 다음과 같은 수행을 진행합니다. 몇몇 친한 친구나 친척처럼 당신이 좋아하는 소규모 집단에 속한 사람들의 영상을 불러옵니다. 할 수 있는 한 아주 상세하고 그럴듯하게 이 영상을 만드십시오. 그런 다음 그 옆에 당신이 관심을 두지 않는 집단에 속한 사람들의 영상을 보태십시오. 일터에서 보게 되거나 물건을 사러 나가서 보게 되지만 잘 모르는 사람들의 영상을. 또다시 이 영상을 가능한 한 사실적이고 구체적으로 만드십시오. 마지막으로는 세 번째 영상을 불러옵니다. 당신이 싫어하거나 갈등을 겪고 있거나 의견이 강하게 일치하지 않는 집단에 속한 사람들의 영상입니다. 다시 한 번 그 영상을 가능한 한 분명하고 구체적으로 만드십시오.

마음속에 이 세 집단 사람들의 영상을 만들고 그들에 대한 평상시의 반응이 일어나게 하십시오. 각 집단에 대한 생각과 감정을 차례로 알아차리십시오. 자연스럽게 첫 번째 집단에 대해서는 애착을, 두 번째 집단에 대해서는 무관심을, 세 번째 집단에 대해서는 적대감을 느낄 것입니다. 이것을 알아차리고 나면 이어서 마음을 점검하고 이 세 반응이 각각 자신에게 어떤 영향을 미칠지 생각해보십시오. 첫 번째 집단 구성원에 대한 감정은 유쾌하고, 그들의 고통을 줄이거나 막으려는 욕망과 결합되어 일정한 자신감과 힘을 불러일으킴을 깨닫게 될 것입니다. 두 번째 집단을 향해서는 당신의 감정이 당신을 흥분시키지도 않고 특별히 배려하려는 생각을 불러일으키지도 않음을 알아차리게 될 것입니다. 그러나 세 번째 집단을 향해서는 자신이 느끼는 감정이 마음을 부정적인 방향으로 흥분시킬 것입니다.

그다음 단계는 비판적 능력을 이용한 명상과 관련 있습니다.

오늘 당신이 적으로 여기는 사람들과의 관계가 계속 그렇게 유지되지는 않을 것이고, 이것은 친구에 대해서도 마찬가지입니다. 나아가 친구를 향한 애착과 같은 감정이 때로는 우리에게 문제를 일으킬 수 있는 반면, 때로는 적들과의 상호작용 덕분에 우리가 좀 더 강해지고 깨어 있게 되어 이익이 될 수도 있을 것입니다. 그러한 복합성에 대해 명상하게 되면 극단적인 방식으로 타인과 관계 맺는 것이 무가치함을 되돌아볼 수 있습니다. 그들이 세 번째 집단의 구성원이든 심지어 첫 번째 집단의 구성원이든 상관없습니다. 타인과 그런 식으로 관계 맺는 것이 그들을 향해 선의를 키우려는 능력을 방해하고 마음의 평화에 부정적인 영향을 끼침을 일단 깨닫게 되면, 극단적인 감정의 힘을 줄이려고 노력하게 됩니다. 시간이 흐르고 나면 그 목적은 편을 가르려는 자신의 분류에 따라 친구 혹은 적으로서가 아니라 당신이 인식하는 당신 자신과 근본적으로 똑같은 동료 인간으로서 타인과 관계 맺기가 됩니다.

두 번째 형태의 평정심 수행에서는, 인간 존재의 공통성을 다룬 2장에서 이미 설명한 많은 핵심을 여기 마음 수행에도 가져올 수 있습니다. 핵심 요점은 두 가지 단순한 진리입니다. 내가 행복을 바라고 고통을 피하려는 본능적이고 타당한 욕망을 가진 것처럼, 다른 모든 사람도 그렇다는 점입니다. 또 다른 한 가지는 나에게 이러한 내적 갈망을 이룰 권리가 있는 것처럼, 그들도 마찬가지라는 점입니다. 이 점에 대해 명상한 다음 자신에게 이렇게 묻습니다. 어떤 근거로 우리는 우리 자신과 타인을 그렇게 강하게 차별하는가? 이 수행을 한두 번의 수행시간뿐 아니라 몇 주와 몇 달, 심지어 몇 년에 걸쳐 거듭 반복한다면 인류가 본래 공통적으로 행복을 갈망하고 고통을 싫어한다는 심오한 깨달음을 바탕으로 진정한 마음속 평정심을 찾을 수 있음을 서서히 발견하게 될 것입니다.

다른 사람을 본보기로 삼는 명상

이로운 마음 상태를 키우는 데 큰 도움이 되는 또 다른 수행법은 매우 존경하는 사람 같은 훌륭한 본보기를 그 대상으로 삼는 분석적 수행입니다. 이 수행은 어떤 면에서는 자기 자신에게 영감을 불어넣는 수단으로 역할모델을 이용하는 것과 비슷합니다. 현세적 배경을 지닌 사람에게는 이것이 과거나 현재의 사람일 수 있습니다. 우리는 특히 그의 자비심과 이타심을 존경합니다. 어쩌면 의사나 간호사, 교사나 과학자일 수 있습니다. 종교를 가진 사람에게는 그 종교 전통의 창시자이거나 종교 역사상 성인일 수 있습니다. 존경하는 사람의 일생을 되돌아보고 그 사람이 타인을 위해 어떻게 살고 있는가 혹은 어떤 삶을 살았는가, 그 사람의 행동이 어떤 자비로운 특징을 갖고 있는가 혹은 가지게 되었는가를 명상함으로써 그들의 본보기와 익숙해집니다.

이런 종류의 분석적 마음 수련의 목적 한 가지는 주어진 특성을 직접적으로 인식하게 되는 것입니다. 이 경우 우리는 사람들로 하여금 타인에게 헌신하도록 동기를 부여하는 것이 무엇인지를 분석합니다. 그 특성을 파악하고 나면, 이 수행의 궁극적 목적인 자비로운 동기에 대한 직접적이고 직관적인 통찰을 통해 이 특징과 우리 자신을 일치시키기 위한 한 가지 방법으로 그것에 집중하고 마음을 휴식합니다. 다시 말해 나날의 삶에서 우리 자신을 우리가 존경하는 사람이 행동하는 것처럼 행동하게 훈련시켜서, 예를 들어 우리가 타인의 고통에 대해 알게 되면 그 사람이 반응했을 것처럼 반응하게 만드는 것이 이 수행의 개념입니다. 그러므로 우리는 우선 타인을 대하는 우리의 태도를 변화시키고, 그러고서 우리의 행동을 바꾸고자 합니다. 결국 우리의 행동에 영향을 미치는 것, 이것이 이 수행의 중요한 핵심입니다. 그렇지 않다면 그것은 무의미합니다.

감정과 태도를 다루는 명상

추론적 분석적 마음 수행이 큰 효과를 발휘할 수 있는 한 가지 영역은 파괴적인 감정과 태도를 다루는 부분입니다. 자신을 개인적으로 지배하는, 번뇌를 일으키는 마음 상태 한 가지를 골라 시작하는 것이 좋습니다. 우리 모두는 전 영역에 걸친 번뇌를 갖고 있지만 어떤 종류의 특정한 번뇌가 우세한지는 개인마다 다릅니다. 어떤 사람은 짜증, 불안, 악의, 노여움 등 분노 계통의 번뇌 감정을 느끼기 쉽습니다. 또 어떤 사람은 타인의 성공에 대해 시기와 질투를 느끼고 편협한 마음이 되기 쉽거나 갈망, 열망, 탐욕, 욕망 같은 집착 계통의 번뇌 감정을 느끼기 쉽습니다. 또 다른 사람은 정반대의 문제를 갖습니다. 즉 타인에게 무관심하며 타인과 연결될 수 있는 능력을 갖고 있지 않습니다.

처음에 어떤 종류의 번뇌 감정이나 태도를 다룰 것인지 선택하고 나면, 앞에서 설명한 것처럼 호흡 명상을 하면서 마음을 이완하는 것으로 시작합니다. 그러고 나면 실제 수행을 시작할 준비가 됩니다.

우선 자신이 선택한 마음 상태의 파괴적인 효과에 대해 명상합니다. 예를 들어 분노의 경우 그것이 즉각적으로 마음의 평온함을 파괴하고, 부정적인 기분을 만들고 주변 분위기를 망치는 방식에 대해 생각합니다. 분노가 심해지면 자신이 가혹한 말을 하는 경향이 있다는 점도 생각해보십시오. 심지어 당신이 마음 깊이 좋아하는 사람에게까지 가혹한 말을 할 수 있습니다. 그리고 일반적으로 그것이 타인과의 상호작용에 부정적인 영향을 미친다는 점도 생각하십시오. 이렇게 부정적인 마음 상태의 파괴적인 본성에 대해 충분히 깊이 명상하여, 시간이 흐를수록 그 상태를 조심하고 경계하는 기본 태도를 갖출 필요가 있습니다. 유명한 티베트의 한 명상가는 이렇게 말하였습니다.

"나는 눈앞에 주어진 한 가지 일만 하면 된다. 내 마음의 출입구에 보초를 세우는 것이 그것이다. 번뇌가 준비 태세를 갖추면 나도 계속해서 준비된 상태이고, 그것이 편히 쉬면 나도 편히 쉰다."

번뇌의 이러한 파괴적인 본성에 대해 일단 확신을 얻고 나면 그다음 명상 단계로 옮겨 갑니다. 그것은 마음 상태 그 자체를 더 잘 자각하는 능력을 키우는 것입니다. 특히 그 마음 상태가 막 시작될 때 자각하는 것입니다. 이런 감정이 일어날 때 자신이 느끼는 방식과 익숙해짐으로써, 즉 몸에서 육체적으로 어떻게 느껴지는지, 주관적 혹은 심리적으로 어떻게 느껴지는지 익숙해지면, 그것이 큰 피해를 끼치려 하기 전에 그것을 깨닫는 법을 배울 수 있습니다. 구체적인 감정이 일어나는 것과 관련된 구체적인 특징을 더 정확히 파악할수록 그 과정을 좀 더 깨어 있는 마음으로 자각할 가능성이 높아지고, 따라서 인과 사슬의 초기 단계에 개입할 수 있습니다.

번뇌를 일으키는 마음 상태를 다루는 마음 수행법의 세 번째 단계는 그 상태와 관련된 해독제를 적용하는 것입니다. 예를 들어 분노에 맞서기 위해 관용을, 증오에 맞서기 위해 자애를, 대상에 대한 탐욕이나 갈망에 맞서기 위해 그 대상의 불완전성에 대해 명상하는 것입니다. 이것은 번뇌를 일으키는 마음 상태를 진정시키는 데 더없이 효과적입니다.

앞에서 설명한 것처럼 이 수행의 세 가지 단계 모두에서, 추론적 분석적 과정과, 결론적인 핵심 한 가지에만 오로지 주의를 집중하며 마음을 휴식하는 흡수 명상을 결합하는 것이 중요합니다. 이러한 결합은 수행이 마음속으로 깊이 스며들어 일상생활에서 진정한 영향력을 나타내게 하는 효과가 있습니다.

이러한 마음 수련을 시작한 사람들은 수행을 하는 동안 많은 시행착오와 어려움을 겪게 될 것입니다. 오랜 시간 동안 엄청난 노력을 들이지 않고도 성취할 수 있는 가치 있는 기술은 없습니다. 마음 수련에서는 그 도전들이 훨씬 큽니다. 우리 노력의 목표가 마음일 뿐 아니라, 우리가 수행하는 매체이면서 수행이 일어나는 영역이 마음이기도 하기 때문입니다. 그러므로 숙련된 수행자들조차 장애에 맞닥뜨립니다.

초보자든 숙련가든 모든 사람에게는 동기와 관련된 일반적인 문제 외에도 훌륭한 수행에 장애가 되는 주요한 문제 두 가지가 존재합니다. 한 가지는 마음이 산만해지는 것이고, 나머지 한 가지는 마음이 느슨해지는 것, '정신적 가라앉음'이라고 부르는 것입니다. 초보자는 마음이 산만해지는 것을 먼저 경험하게 될 개연성이 높습니다. 마음이 생각, 관념, 느낌을 좇으면서 흩어지는 것이 그것이며, 이것은 흥분 상태나 동요 상태를 지속시키고 안정감에 도달하지 못하게 방해합니다. 산만함은 수행 대상이 한꺼번에 사라지는 거친 흥분의 형태를 띨 수도 있습니다. 혹은 그 대상이 완전히 사라지지는 않지만 마음 한구석이 다른 것에 사로잡혀서 제대로 집중하지 못하게 하는, 좀 더 미묘한 형태를 띨 수도 있습니다.

훌륭한 수행에 장애가 되는 것들을 어떻게 극복할 것인가는 개인의 경험에 따라 다릅니다. 때로는 이러한 마음 수련의 목적을 상기하는 것으로도 충분할 것입니다. 때로는 하고 있던 수행을 모두 그만두고 다른 수행으로 옮겨가야 할 것입니다. 혹은 짧은 시간 호흡 수행을 하거나 그 상황에 맞는 몇 마디 말을 반복할 수도 있습니다. 이것은 "내 마음을 산만하게 하는 것들을 놓아버리겠다" 같은 말을 천천히 그러나 의도적으로 여러 번 반복하는 것처럼 단순할 수도 있습니다. 그러나 이따금씩은 명상시간 중에 휴식을 취하면서 몇 분 동안 방 안을 걸어 다닐 필요도 있을 것입니다. 언제나 그렇듯이 낙담하지 않는 것이 중요합니다.

성공적인 수행에 또 다른 주된 장애물인 느슨해지는 마음, 즉 정신적 가라앉음은 마음이 너무 이완될 때 생기는 것입니다. 습관적으로 다른 것에 사로잡히는 마음을 떼어내어 산만하게 하는 것으로부터 자유롭게 하는 데는 성공하지만, 그 순간 우리의 에너지가 부족하거나 충분히 깨어 있지 못하기 때문에 마음이 가라앉고 우리는 '멍한' 상태가 됩니다. 이러한 마음 수련법은 마음을 이완시킬 수 있지만, 이완 그 자체는 결코 수행의 핵심이 아닙니다. 우리는 안정적이면서도 깨어 있는 마음 상태를 키우고 유지할 필요가 있습니다. 사실 이완되더라도 깨어 있지 않은 상태가 습관적으로 길어지면 마음의 예민함이 무뎌질 수 있습니다.

느슨해지는 마음을 이겨내는 방법은 사람에 따라, 명상시간에 따라 달라집니다. 짧은 시간 동안 빠르게 걷기 혹은 잠시 동안 밝은 빛을 시각화하기가 효과적인 치유법일 수 있습니다. 종교적 성향을 지닌 사람에게는 자기 종교 전통에 속한 어떤 인물의 뛰어난 성품을 잠시 생각하는 것이 도움이 될 것입니다. 또 다른 치유법은 우리의 의식이 우주 속으로 튕겨나가는 모습을 상상하는 것입니다. 거듭 말하지만 이것은 각 개인에게 가장 잘 맞는 것이 무엇인가의 문제입니다. 간략히 이야기해서 마음이 너무 풀 죽어 있다면 마음이 느슨해지는 장애가 표면으로 나오기 시작했다는 표시입니다. 이것을 헤쳐나가기 위해서는 기분을 좋게 만들고 마음 상태를 활성화할 방법을 찾을 필요가 있습니다.

모든 인간 행위와 마찬가지로 마음 수행법에서도 다양한 개인들은 다른 속도로 발전하고 나이, 신체 조건, 지능, 그 밖의 요소에 따라 각자 다른 시기에 다양한 수준에 이릅니다. 자기 성찰력이 강한 사람은 마음이 산만해지거나 느슨해지려 할 때 알아차리는 법을 빨리 배울 것이고, 그중 어느 하나라도 완전히 발전하는 것을 막기 위해 수단을 취할 것입니다. 다른 사람들은 그렇게 하는 데 더 오랜 시간이 걸릴 것입니다. 어느 경우든 이것이 자만심이나 슬픔의 원인이 되어서는 안 됩니다. 그 대신 장애물이 생길 때마다 겸허한 태도를 유지하고 분노하지 않으면서 장애물을 극복할 방법을 찾아야만 합니다.

수행에서 좀 더 많은 것을 성취하게 될수록 우리는 마음을 길들일 수 있는 가능성을 좀 더 많이 보게 됩니다. 부정적인 생각과 감정을 긍정적인 것으로 대체하는 법을 배우고, 번뇌를 일으키는 생각과 감정이 우리 마음을 장악하고 있던 힘을 약화시키는 법을 배웁니다. 그러나 여기서 말하는 것이 부정적인 생각과 감정 억누르기가 아님을 분명히 하는 것이 중요합니다. 오히려 우리는 그것이 무엇인가를 인식하고서 좀 더 긍정적인 마음 상태로 대체하는 법을 배워야 합니다. 우리가 이렇게 하는 것은 자제력을 얻기 위해서입니다. 그뿐 아니라 이렇게 마음에 대한 통제력을 얻는 것은 자비로운 마음으로 타인에게 이익을 줄 수 있도록 우리를 훨씬 나은 위치에 데려다 놓기 때문입니다.

 절대로 억지로 수행해서는 안 된다는 점을 명심하는 것도 중요합니다. 앞에서도 말했듯이 초보자들은 어쩔 수 없이 마음의 산만해짐을 많이 경험합니다. 마음이 정식 명상 수행법에 익숙해지는 데는 시간이 걸립니다. 그렇기 때문에 계속 인내하면서 낙담하지 않는 것이 중요합니다. 자신이 고군분투하고 있는 모습을 발견한다면 수행을 쉬어야 할 시간이라는 신호일 것입니다. 그런 상황에서 계속 수행하려 하는 것은 효과적이지 않습니다. 더 많이 애쓸수록 마음은 더욱 지치게 됩니다. 이런 상황에서도 수행을 계속한다면 머지않아 수행을 싫어하게 될 것이고, 결국 수행 장소를 보는 것만으로도 역겨워질지 모릅니다. 그러므로 이 지점까지 가지 않는 것이 중요합니다. 마음 수행은 마음 훈련하기에 대한 것입니다. 그렇습니다. 그러나 그것이 처벌을 의미하지는 않습니다. 오히려 그것은 즐겨야 할 대상입니다. 우리는 수행에서 기쁨을 누리려고 해야 합니다. 이것에 성공할 때 우리의 기쁨은 좀 더 빨리 나아가는 데 도움을 줍니다.

나날의 삶이 달라지다

우리 모두가 때때로 그렇듯 나날의 삶에서 문제에 직면할 때 마음 자각 수행을 하는 것은 우리에게 어려움을 일으키고 있는 것을 좀 더 현실적인 시각으로 바라보는 데 도움을 줄 수 있습니다. 예를 들어 가족 구성원이나 직장 동료, 전혀 모르는 낯선 이와 거친 말을 주고받았다면, 수행하는 동안 마음속에서 그 사건을 붙잡고서 그것에 대한 우리의 반응을 몇 분 동안 살펴보는 것이 좋습니다. 그런 다음 우리 앞에 우리의 적을 시각화하면서 그 사람에게 고마워하는 느낌을 만들려고 노력합니다. 처음에는 이것이 매우 이상하게 들릴 것입니다. 그러나 앞에서 이미 이야기했듯이 우리의 적들은 어떤 중요한 측면에서는 사실 우리의 위대한 스승입니다. 그러므로 그런 고마움을 느끼는 것이 실은 전적으로 타당합니다. 이런 생각을 마음속에 간직한 채 우리 자신이 적에게 머리 숙여 인사하는 모습을 시각화합니다. 이것을 반복하다 보면, 그 사람을 향해 느끼는 혐오감이 서서히 사라지고 그 자리에 자비로운 사랑을 만들 수 있게 될 것입니다. 만약 우리의 태도가 올바르고 동기가 순수하다면 말입니다.

본질적으로 내가 지금까지 설명한 마음 수련법의 목적은 특히 현세적 도덕 관점에서 볼 때 우리를 좀 더 차분하고 좀 더 자비롭고 좀 더 분별력 있는 인간으로 만드는 것입니다. 그러나 나날의 삶에 이익이 되는 다른 방법도 있습니다. 특히 더 발전해

갈수록 우리는 마음속에 어느 정도의 안정감이 생기게 되어 점점 지나치게 흥분하지도 우울해하지도 않게 됩니다. 그러므로 우리의 수행은 삶의 부침을 너무 강하게 경험하는 스트레스로부터 우리를 보호하도록 도와줍니다. 그것이 마음을 마비시킨다는 말이 아닙니다. 내가 말하는 것은 지나침을 억제한다는 뜻입니다.

마음 수련이 우리가 삶을 온전히 경험하지 못하게 막는다는 뜻은 아닙니다. 마음 수련은 우리의 반응이 좀 더 온화해지도록 도와줍니다. 이것은 우리를 지루한 존재로 만드는 조리법처럼 들릴 수도 있습니다. 그러나 잠시 생각해본다면 거친 바다에서 이 방향 저 방향으로 흔들리는 작은 배 같은 마음을 가지는 것이 매우 만족스러운 상태는 아님을 알 수 있습니다. 마찬가지로 방 불빛이 한 순간에는 너무 밝아서 무엇인가를 좀처럼 볼 수 없고, 그 다음 순간에는 너무 어두워서 아무것도 볼 수 없다면 도움이 되지 않습니다. 우리가 원하는 것은 주변 물체를 선명하게 볼 수 있게 하는 온화하고 일정한 빛입니다. 그러므로 마음을 어느 정도 통제할 수 있게 되면 우리는 일어나는 사건이 긍정적이든 부정적이든 그것을 더 잘 받아들일 수 있습니다.

마음 마비시키기에 대해 이야기하는 것이 아니듯, 나는 번뇌를 일으키는 감정에 완전히 통달하는 법에 대해 이야기하는 것도 아닙니다. 그렇게 하려면 엄청난 시간과 엄청난 노력이 들어갑니다. 그보다는 일종의 습관적 토대를 세우는, 좀 더 평범한 목표에 대해 이야기하는 것입니다. 그러한 상태는 자연스러운 겸손과 확고한 마음의 평화로 특징지어집니다. 이 특징은 이어서 자비를 키우려는 우리 마음의 추구를 좀 더 잘 다룰 수 있게 합니다.

  결론을 내리자면 다음과 같습니다. 마음 수행법에서는 오랜 기간 중간 정도의 노력을 기울이는 것이 성공으로 가는 열쇠입니다. 우리는 초기에 지나치게 열심히 하거나 너무 많은 시도를 해서 실패를 불러옵니다. 그렇게 한다면 잠시 동안만 시도해본 뒤 단순히 포기하게 될 확률이 높습니다. 훌륭한 수행이 실제 필요로 하는 것은 끊임없는 노력입니다. 장기간의 헌신을 바탕으로 한 지속적이고 계속되는 접근입니다. 그렇기 때문에 짧은 시간만이라도 제대로 수행하는 것이 가장 좋은 방법입니다. 양보다는 질을 강조해야만 합니다. 그리고 무엇보다 우리 수행 전체의 목적은 좀 더 자비로운 인간이 되는 것임을 기억해야만 합니다.

발문

평화의 세기, 대화의 세기를 바라며

―

　이 책에서 나는 도덕에 대한 완전히 세속적인 접근법과 권장할 만한 인간의 기본 가치에서 핵심 요소라고 생각하는 것에 대해 간략하게 설명하려 했습니다. 이것은 어떤 종교라도 그 한 가지로는 모든 사람을 만족시키겠다는 희망을 품을 수 없음을 알게 된 때부터 내가 몰두해온 과제입니다. 그런 일이 일어나기에는 우리 지구상에 살고 있는 70억 인구들 간에 너무도 많고 다양한 정신적 기질이 존재합니다.
　이 작업을 시작한 동기는 다음과 같은 굳은 믿음이었습니다. 우리 모두가 도덕의 중요성을 인식하는 법을 배우고 자비와 인내 같은 내적 가치를 우리 삶의 기본 관점과 일체화 시킬 때 그것이 막대한 영향을 미칠 것이라는 믿음입니다. 내가 희망한 대로, 개인 차원에서 그렇게 하는 것이 더 큰 행복을 가져오고 우리 삶의 진정한 목적과 의미를 느끼도록 도울 수 있음을 나는 보여주었습니다. 사회 차원에서 점점 더 많은 사람이 그렇게 한다면, 물질에 초점을 덜 맞추는 대신 우리 내면의 영적 자원에 깊이 관심을 기울이는 문화를 향해 우리가 좀 더 결단력 있게 움직일 가능성이 존재합니다. 이런 행동의 혜택을 모두가 공유하게 될 것입니다.

나는 종종 "인류의 미래를 낙관하는가" 하는 질문을 받습니다. 나의 단순한 대답은 "그렇다"입니다. 20세기 초반에는 심각한 갈등의 해결책이 무력 사용이라는 믿음이 널리 퍼져 있었습니다. 다행스럽게도 이 관점은 더 확산되지 않았습니다. 오늘날 세계 곳곳의 사람들은 전쟁에 진저리 치고 있으며, 서로 간의 차이점을 해결하기 위한 비폭력적 방법을 찾기를 진정으로 원하고 있습니다. 마찬가지로 상당히 최근까지도 과학과 영성은 서로 화합할 수 없는 것으로 널리 여겨졌습니다. 그러나 오늘날 과학의 발전은 실체의 본성을 어느 때보다 깊이 꿰뚫어보고 있기 때문에, 인간 노력의 이 두 가지 영역이 서로 보완될 수 있다는 인식이 커지고 있으며 실제로도 그렇게 되고 있습니다.

얼마 전까지만 해도 많은 사람들이 인간 행동이 환경에 미치는 영향에 대해 알지 못했지만, 오늘날에는 우리 행동이 환경에 미치는 영향에 민감해야 한다는 사실이 거의 보편적으로 받아들여지고 있습니다. 특히 경제발전의 문제에서 그렇습니다. 마지막으로 20세기 후반까지만 해도 자기 나라에 대한 강한 집착에 뿌리를 둔 민족주의가 지배적인 힘이었지만 오늘날에는 의사소통과 집단 이동으로 인해 점점 커져가는 상호연결성 덕분에 그 영향력이 상당히 줄었습니다. 그로 인해 인류의 일치와 상호의존성이 당연하게 여겨집니다. 이것들이 내가 세상을 낙관적으로 보는 몇 가지 이유입니다.

또한 나는 언제나 개인의 힘을 믿어왔습니다. 인류 역사를 통해 인류의 방향을 변화시키는 데 도움을 준 많은 위대한 발전은 개인 주도의 행동을 통해 나타났습니다. 이러한 주도적 행동 각각은 새롭고 더 나은 세상에 대한 비전과 믿음에서 시작되었습니다. 그것이 윌리엄 윌버포스(노예무역 폐지운동을 이끈 영국의 정치인. 그가 제정한 영국의 노예무역 금지 법률은 미국 링컨 대통령의 노예해방운동에 영향을 주었음. 그의 일대기를 다룬 영화로 〈어메이징 그레이스〉가 있음)의 노예무역 폐지운동이든 마하트마 간디의 비폭력 자유운동이든, 마틴 루서 킹 목사의 시민권운동이든 혹은 나의 친구인 노벨평화상 수상자 조디 윌리엄스(지뢰금지운동을 주도한 미국의 여성 운동가. 1997년 노벨평화상 수상)의 인명살상용 지뢰금지운동이든 상관없이 각각의 경우 그 영감은 개인으로부터 나왔습니다. 이 운동들을 지지하면서 지속적인 변화를 가져오도록 도와준 것 역시 개인의 집합이었습니다. 사회는 당신과 나와 같은 인간 개인의 집합체에 불과합니다. 그러므로 사회를 변화시키고 싶다면 그 변화는 우리 각자가 하는 기여도에 달려 있다는 결론이 나옵니다.

20세기에 속한 내 세대의 사람들은 이미 흘러간 과거의 사람들입니다. 20세기에 우리 인간은 대규모 전쟁을 포함한 많은 종류의 일을 시험해보았습니다. 그것이 일으킨 끔찍한 고통으로 우리는 조금 더 성숙해지고 조금 더 현명해진 것 같습니다. 20세기에는 물질의 진보 측면에서 많은 것을 성취하기도 했습니다. 그러나 그렇게 하면서 사회 불평등과 환경 파괴를 만들어냈고, 이 둘은 이제 우리가 해결해야만 하는 문제입니다. 이제 더 좋은 세상을 만들어야 하는 것은 문제를 물려준 예전 세대 사람이 아닌 오늘날 젊은이들의 책임입니다. 많은 것이 그들의 어깨 위에 놓여 있습니다.

  이러한 사실과 더불어 효과적인 사회 변화는 개인의 노력을 통해서만 일어날 수 있다는 진리를 염두에 둔다면, 이 문제를 다루는 우리 전략의 핵심 부분은 다음 세대를 교육하는 것이어야만 합니다. 내가 세계 곳곳을 다니는 동안 언제나 젊은이들에게 다가가 그들과 함께 시간을 보내려고 애쓰는 이유 중 한 가지가 바로 이것입니다. 나의 소망과 희망은 언젠가는 정식 교육체계가 '마음 교육하기'라 부르는 것에 주의를 기울이게 되는 것입니다. 기본적인 학습 주제에 능숙해질 필요성을 당연하게 여기는 것처럼 아이들이 학교 교육과정의 일부로서 사랑, 자비, 정의, 용서 같은 내적 가치의 필수불가결성을 배우는 것을 당연시하는 때가 오리라 희망합니다.

  아이들이 학교에서 비폭력 원리와 평화로운 갈등 해결법을 통합하여 배운 결과, 자신의 감정과 기분을 더 잘 자각하게 되고 그들 자신뿐 아니라 더 넓은 세상을 향해서도 큰 책임감을 느끼게 될 날을 고대합니다. 그렇게 된다면 멋지지 않겠습니까?

그러므로 더 좋은 세상을 만드는 것, 나이가 많든 적든 상관없이 우리 모두가 비전, 용기, 낙관주의를 갖고 함께 번창할 수 있는 것, 특정 국가의 국민으로서도 아니고 특정 종교를 믿는 사람으로서도 아닌, 단순히 이 거대한 70억 인간 가족의 개별 구성원으로서 그렇게 하는 것, 이것이 나의 소박한 소원입니다.

이 우주 생명의 규모 속에서 인간의 삶은 아주 짧은 순간에 지나지 않습니다. 우리들 각자는 이 행성의 방문자이며, 한정된 시간 동안만 머무는 손님입니다. 이 짧은 시간을 외롭고 불행하게 다른 동료 방문자와 갈등을 겪으며 지내는 것보다 더 어리석은 일이 어디 있겠습니까? 분명 우리의 짧은 시간을 의미 있는 삶을 추구하며 보내는 것, 타인에 대한 봉사와 연결감으로 풍요로워진 삶을 사는 것이 훨씬 낫습니다.

21세기가 시작된 뒤 지금까지 겨우 10여 년밖에 지나지 않았습니다. 21세기의 주요 시기는 아직 다가오지도 않았습니다. 이번 세기가 평화의 세기, 대화의 세기가 되었으면 하는 것이 나의 바람입니다. 좀 더 배려하고 책임감 있고 자비로운 인류가 나타나는 세기가 되었으면 좋겠습니다. 이것은 나의 기도이기도 합니다.

옮긴이의 말

나의 종교는 사랑

2012년 11월 4일, 일본 요코하마를 방문한 달라이 라마는 대중들을 상대로 한 법회를 열었다. 한국 정부에서 달라이 라마의 비자 발급을 거부하였기 때문에 한국 불교도 150여 명이 그의 방문에 맞추어 이웃 나라로 직접 건너갔고, 그곳에서 달라이 라마의 말씀을 친히 접할 기회를 가졌다. 그날 달라이 라마는 종교를 바탕으로 한 도덕 대신 현실 세계에 바탕을 둔 현세적 도덕 윤리를 받아들여야 한다고 역설했다.

붓다의 가르침을 전파해야 할, 티베트 불교를 대표하는 종교 지도자에게서 나온 말이라고 보기엔 다소 놀랍기도 하였다. 이 말을 처음 접하는 사람이라면 의아해하겠지만 달라이 라마는 이미 여러 차례 강연을 통해 이 점을 강조해왔다. 이 책은 달라이 라마의 그러한 생각, 즉 종교를 밑바탕에 두지 않은 도덕 원리를 설명하고 있다. 두께는 얇을지 몰라도 결코 가볍지 않은 메시지를 담고 있는 책이다.

종교는 기원을 알 수 없는 오랜 옛날부터 존재했으며 사람들에게 공통의 가치관을 제공하고 행동 규범을 제시하는 역할을 해왔다. 하지만 오늘날 세상은 갈수록 복잡해지고 있고, 전 세계가 하나의 '마을'이 되어 서로 다른 종교와 문화를 지닌 다양한 인종의 사람들이 밀접한 관계를 맺으며 살게 되었다. 더 이상 종교 하나만으로는 세상 곳곳에 존재하는 다양한 문제들에 만족할 만한 해답을 줄 수 없게 된 것이다. 이 세상에는 수많은 종교가 있으며 종교를 바탕으로 한 도덕은 그 종교의 테두리를 벗어나기가 쉽지 않다. 그러므로 특정 종교 원리가 아닌 보편성에 바탕을 둔 도덕으로 초점을 옮겨 모두에게 적용할 수 있는 공통의 해결책을 찾을 필요가 있다.

인간은 누구나 행복을 추구하고 고통을 피하려고 한다. 행복에는 물질적인 차원에서 오는 것과 좀 더 깊은 내적 차원에서 느껴지는 것이 있다. 물질적 차원의 만족은 우리가 이미 경험을 통해 알고 있듯이 행복에 일시적인 영향만을 줄 수 있을 뿐이다. 그러므로 좀 더 오래 지속되는 마음속 행복을 찾기 위해 노력해야 한다. 그런데 행복한 삶을 열망한다는 공통점을 지닌 우리는 다른 이들의 도움이 없으면 살아갈 수 없다. 옷을 입고 밥을 먹고 집에서 잠을 자는 기본적인 생활조차도, 그물처럼 짜인, 보이지 않는 타인의 도움이 없다면 유지할 수 없다. 그러므로 인간 존재라는 공통성과 상호의존성의 관점에서 바라보면 우리의 행복은 타인과 불가분의 관계에 있다는 사실을 깨달을 수 있다.

내적 차원의 만족을 느낄 수 있는 것은 타인에게서 무엇인가를 받을 때보다 타인에게 무엇인가를 줄 때이다. 진정한 내면의 행복은 따뜻한 마음과 사랑을 타인에게 건넬 때 느낄 수 있는 것이다. 나 혼자만 행복해서는 진정한 행복을 느낄 수 없으며 다른 사람도 행복해야 내가 행복해질 수 있다.

달라이 라마가 지적하듯이, 오늘날 우리는 삶의 물질적 측면에는 많은 관심을 기울이지만 도덕 윤리나 내적 가치는 가볍게 여기고, 우리가 직면한 수많은 문제들의 대부분은 개인의 도덕성 부족에 기인하고 있다. 그러므로 자기 안의 내면 가치를 찾아 계발할 때 우리는 개인으로서 행복을 얻을 수 있을 뿐 아니라 이 세상에도 진정한 변화를 가져올 수 있다. 책에서 설명하는 인내, 관용, 만족 등 핵심적인 내면 가치는 종교와 무관하게 발견할 수 있는 내용들이다.

하지만 이러한 사실을 깨닫는 것만으로는 충분하지 않다. 중요한 것은 실천이다. 다행히도 다른 사람에게 자비를 베풀 수 있는 능력은 마치 훈련을 통해 근육을 키우고 육체적 능력을 발달시키듯이 의지를 갖고 키울 수 있다. 책의 후반부에는 이 같은 마음의 근육을 키우기 위한 구체적인 수행법과 실천법이 자세히 소개되어 있다. 특정한 종교를 믿고 있는 사람이든, 종교와 관계없이 영적 추구의 길을 가고자 하는 사람이든 서로 이해하고 존중하는 세상을 만들기 위한 도덕적 접근법을 이 책에서 찾을 수 있을 것이다.

얼마 전 뉴스를 통해 이스라엘이 팔레스타인 가자 지구를 공습하여 수천 명의 팔레스타인 사람들이 부상을 입었다는 소식을 들었다. 두 나라 사이의 오랜 영토 분쟁의 배경에는 여러 원인이 있겠지만 그 밑바탕에는 종교 갈등이 깔려 있다. 각 종교는 저마다 선한 삶의 원리를 강조하고 있지만 서로 다른 종교를 가진 사람들 사이의 갈등은 여전히 지속되고 있다. 달라이 라마가 이 책에서 제시하는 한 사람 한 사람의 작은 실천과 노력이 이어진다면 지금 당장 눈에 띄는 변화를 가져올 수 없다 하더라도 언젠가는 큰 힘을 발휘하게 되리라 믿는다. 또한 우리의 내적인 변화를 위한 노력과 더불어 쉼 없는 기도도 계속되어야 할 것이다.

페르시아의 신비주의 시인 잘랄루딘 루미의 글로 하나의 기도를 대신하고자 한다.

나는 어떤 종교에도 속해 있지 않다
나의 종교는 사랑
모든 이의 가슴이 나의 사원이다

2013년 1월
이현

Beyond Religion